MAGASIN THÉATRAL.

CHOIX DE PIÈCES NOUVELLES,

JOUÉES SUR TOUS LES THÉATRES DE PARIS.

THÉATRE DE LA PORTE SAINT-MARTIN.

CALYPSO,

Vaudeville mythologique en trois tableaux.

50 cent.

PARIS.
MARCHANT, ÉDITEUR
Boulevart Saint-Martin, 12.

BRUXELLES.
TARRIDE, LIBRAIRE, PASSAGE DE LA COMÉDIE.

La réimpression des 25 volumes formant la BIBLIOTHEQUE DE VILLE ET DE CAMPAGNE, est entièrement terminée; nous prévenons nos Souscripteurs qu'il paraîtra chaque année deux nouveaux volumes faisant suite à cette collection ; ces volumes, comme ceux déjà publiés se vendront séparément. Il paraîtra deux nouveaux volumes le 1er octobre de chaque année.

CATALOGUE DES PIÈCES
contenues dans les 25 volumes de la
BIBLIOTHÈQUE DE VILLE ET DE CAMPAGNE,
(2ᵐᵉ ÉDITION DU MAGASIN THÉÂTRAL).
ILLUSTRÉE DE GRAVURES SUR BOIS ET DE PORTRAITS D'ACTEURS.

Chaque volume se vend séparément : 3 fr. 50 c.

TOME PREMIER.
Marino Faliero, tr. 5 a. par C. Delavigne. 50
L'Homme du siècle, dr. h. 4 a. 40
Le Royaume des Femmes, f. 1 a. 40
Le Sauveur, com. 3 a. 40
L'Amitié d'une jeune fille, m. 40
Je serai Comédien, c. 1 a. 30
Antony, d. 4 a., par A. Dumas. 50
Le Mari d'une Muse, c.-v. 1 a. 30
Les 4 Ages du Palais-Royal. 40
Juliette, dr. 3 a. 40
Une Dame de l'empire, c.-v. 1 a. 30
La Paysanne demoiselle, v. 4 a. 40
Les Liaisons dangereuses, dr. 40
Un de plus, com.-v. 3 a. 40
Le Doigt de Dieu, dr. 1 a. 40
L'honneur dans le crime, dr.

TOME II.
Catherine Howart, dr. en 5 a. par Alexandre Dumas. 50
Une Passion, v. 1 a. 40
La Vénitienne, dr. 5 a. 50
Théophile, c.-v. 1 a. 30
Pécherel l'empailleur, v. 30
Estelle, com.-v. 1 a. 30
L'Apprenti, vaudr 1 a. 30
Satvoisy, com. 2 a. 40
Lestocq, op.-c. 4 a. 50
Turiaf-le-Pendu, v. 1 a. 30
Un Enfant, dr. 4 a. 40
Le Capitaine Roland, c.-v. 40
La Nappe et le Torchon, c.-v. 40
Les Duels, com.-v. 2 a. 40
L'Ambitieux, com. 5 a. 50
Le Commis et la Grisette, v. 30
Heureuse comme une princesse 40

TOME III.
Les Enfans d'Édouard, trag. 40
Mari de la Veuve, A. Dumas. 40
Les Deux Borgnes, fol.-v. 30
Prêtez-moi 6 francs, mél. 30
Le Juif errant, dr. fant. 50
La Lectrice, vaud. 2 a. 40
La Famille Moronval, dr. 5 a. 50
Morin, dr. 5 a. 50
Mon ami Grandet, vaud. 40
Le Ramoneur, vaud. 30
La vie de Napoléon, sc. épis. 50
Latude, mél. hist. 5 a. 60
La Prima Dona, v. 1 a. 40
Georgette, vaud. 30
Le Fer l'Évêque, vaud. 40
Frétillon, vaud. 5 a. 50
1834 et 1835, rev. épis. 30
La Fille de l'Avare, v. 2 a. 50

TOME IV.
Napoléon, par Alex. Dumas. 50
Atar-Gull, mél. 4 a. 40
Être aimé ou mourir, c.-v. 30
Dolly, dr. 3 a. 40
Les Chauffeurs, mél. 3 a. 40
Les Pages de Bassompierre. 30
Farinelli, com.-hist. 3 a. 40
La Nonne sanglante, dr. 5 a. 50
La Marquise, op.-com. 1 a. 40
Fich-Tong-Kang, v. 1 a. 30
Mademoiselle Marguerite. 30
Les Gants jaunes, v. 1 a. 30
Le Cheval de bronze, o.-c. 3 a. 40
Les Beignets à la Cour, c. 1 a. 30
Le Père Goriot, v. 2 a. 40
Fleurette, dr. 3 a. 40
Étienne et Robert, v. 30
Une Mère, dr. 2 a. 40

TOME V.
Charles VII, tragédie en 5 actes, par Alexandre Dumas. 50
Mme d'Egmont, com. 3 a. 40
La Traite des Noirs, dr. 40
Karl, v. 4 a. 40
La Croix d'or, c.-v. 2 a. 40
Jeanne de Flandre, mél. 40
Une Chaumière et son Cœur. 40
On ne passe pas, v. 1 a. 30
Cornaro, parodie d'Angelo. 40
Cromwell, dr. 5 a. par Cordelier Delanoue. 50
Mathilde, com. 3 a. 40
Ma Femme et mon Parapluie. 40
La Berline de l'Émigré, d. 5 a. 50
Le Curé de Champaubert, v. 40
L'Habit ne fait pas le moine. 40
Marguerite de Quélus, d. 3 a. 40
Les deux Reines, op.-c. 30

TOME VI.
Thérésa, d. 5 a. par A. Dumas. 50
Charlotte, dr. 3 a. 40
La Consigne, com.-v. 1 a. 30
Pauvre Jacques, c.-v. 1 a. 40
Madelon Friquet, v. 2 a. 40
Un Mariage sous l'empire, v. 2 a. 40
La Pensionnaire mariée, c.-v. 40
Le Mariage raisonnable, 1 a. 30
La Tirelire, com.-v. 1 a. 40
La Tache de sang, dr. 3 a. 40
La Savonnette impériale, v. 40
André, vaud. 2 a. 40
Jean-Jean, parod. en 5 pièc. 50
La Sonnette de nuit, c.-v. 1 a. 40
La Fiole de Cagliostro, v. 40
Infidélités de Lisette, v. 3 a. 40
Les Enragés, tab. villageois. 40
Jérusalem délivrée. 50

TOME VII.
Angèle, d. 5 a. par Alexandre Dumas. 50
L'homme du monde, dr. 5 a. 50
Le Conseil de révision, v. 4 a. 40
Le Procès du mar. Ney, v. 4 a. 30
Valentine, dr.-vaud. 2 actes. 40
par Scribe et Mélesville. 40
Coquelicot, vaud. 3 a. 30
Pensionnat de Montereau. 30
La Fille, dr. 3 a. 40
Le Gamin de Paris, c.-v. 2 a. 40
Le Transfuge, dr. 3 a. 40
M. et Madame Galochard. 40
Les Chansons de Désaugiers. 50
Le Prévôt de Paris, mél. 3 a. 40
Gil-Blas, vaud. 3 a. 40
Renaudin de Caen, c.-v. 2 a. 40
Chut! 2 actes, par Scribe. 40
Cotillon III, c.-v. 1 a. 40

TOME VIII.
La Chambre Ardente, d. 5 a. par Mélesville et Bayard. 50
Le Moine, dr. 4 a. 40
Héloïse et Abeilard, dr. 5 a. 50
La Laide, dr. 3 a. 40
L'Enfant du Faubourg, v. 3 a. 40
L'Ingénieur, dr. 3 a. par Charles Duveyrier. 40
La Marq. de Pretintaille, v. 1 a. 30
Don Juan de Marana, myst. par Alexandre Dumas. 50
Le Démon de la Nuit, v. 2 a. 40
Un Procès criminel, c. 3 a. par Rosier. 50
Le comte de Horn, dr. 3 a. 40
Un Bal du grand monde, v. 4 a. 40
Le Barbier du roi d'Aragon, 3. par Dupeuty, Fontan et Ader. 40
Reine, Cardinal et Page, v. 30

TOME IX.
La D. de la Vaubalière, d. 5 a. 50
Jeanne Vaubernier, c. 3 a. 40
Indiana, dr. 5 parties. 50
Jours gras sous Charles IX, dr. par Lockroy et Arnould. 40
Mistress Siddons, c.-v. 2 a. 40
Tout ou Rien, dr. 3 a. 40
Amazampo, dr. 4 a. et 5 tab. 40
Christiern, mél. 3 a. 40
Casanova, v. 3 a. 40
Georgine, com.-v. 1 a. 30
Sir Hugues, par Scribe, dr. 40
Arriver à propos, v. 1 a. 30
Marie, par Mme Ancelot. 40
Pierre le Rouge, par de Rougemont, Dupeuty et Antier. 40
La Femme de l'Épicier, v. 1 a. 30
L'Épée de mon Père, v. 1 a. 30

TOME X.
Kean, drame en 5 actes, par Alexandre Dumas. 50
Père et Parrain, v. 2 a. 40
Les Deux divorces, c.-v. 1 a. 40
Un Cœur de mère, c.-v. 2 a. 40
Jaffier, dr. 5 a. 40
Le Muet d'Ingouville, c.-v. 2 a. 40
El Gitano, mél. 5 a. 40
Léon, drame en cinq ac. par Rougemont. 40
Fils d'un agent de change, v. 1 a. 30
Le comte de Charolais. 3 a. 40
Le Mari de la Dame de chœurs. 40
Roquelaure, vaud. 4 a. 40
Madame Favart, com. 3 a. par Xavier et Masson. 40
L'Ambassadrice, op.-c. 3 a. par Scribe. 50

TOME XI.
L'Année sur la Sellette, v. 1 a. 30
Le Secret de mon Oncle, v. 1 a. 30
La Nouvelle Héloïse, dr. 3 a. 40
Gaspardo, par M. Bouchardy. 50
La Chevalière d'Éon, v. 3 a. 40
Le Postillon de Lonjumeau. 40
Austerlitz, évén. hist. 3 a. 40
Le Muet de St-Malo, v. 1 a. 30
Riche et Pauvre, dr. 5 a. 50
Stradella, dr. 3 a. 40
La Laitière et les 2 Chasseurs. 30
Huit ans de plus, mél. 3 a. 40
La Champmeslé, c.-anec. 2 a. 40
Michel, com.-vaud. 2 a. 40
Les Sept Infans de Lara, d. 5 a. 50
Paravidès, dr. 3 a. 40
Pè vert Fils, vaud. 1 a. 30
Le Portefeuille ou 2 Familles. 50

TOME XII.
Riquiqui, com.-vaud. 3 a. 40
Un Grand Orateur, c.-v. 1 a. 30
Trop Heureuse, c.-v. 1 a. 30
Le Paysan des Alpes, dr. 5 a. 40
La Vieillesse d'un grand Roi. 40
L'Étudiant et la Grande D... 0.5
La Comtesse du Tonneau, v. 2 a. 50
Polly, com.-vaud. 3 a. 40
Le Bouquet de bal, c. 1 a. 40
La Vendéenne, c.-v. 2 a. 40
Julie, com. 5 a. 50
L'honneur de ma mère, d. 3 a. 40
Eulalie Granger, dr. 5 a. par Rougemont. 50
Schubry, c.-v. 1 a. 40
L'Ange gardien, dr.-v. 3 a. 40
Miel et Vinaigre, c.-v. 1 a. 40
Femme et Maîtresse, c.-v. 1 a. 30

TOME XIII.
Un Chef-d'Œuvre inconnu. 40
Jeanne de Naples, dr. 5 a. 50
Le Gars, dr. 5 a. 40
Vouloir c'est pouvoir, c.-v. 2 a. 40
Mina, com.-vaud. 2 a. 40
Le 3me et le 4me, v. 1 a. 40
Le Père de l'Enfant, c.-v. 2 a. 40
Sans Nom ! myst. 1 a. 40
L'Agrafe, mél. 3 a. 40
Le Mari à la ville et la Femme à la campagne, c.-v. 2 a. 40
Une Fille de l'Air, f. 3 a. 40
Le Château de mes Nièces, c. 1 a. 30
La Fille d'un Militaire, c.-v. 2 a. 40
Le Tour de Faction, v. 40
La double échelle, o.-c. 1 a. 40
Bruno le Fileur, 2 a. 40
Un Jour de Grandeur, dr. 3 a. 40

TOME XIV.
Le Tourlourou, vaud. 5 a. 50
Le Bon Garçon, op.-c. 1 a. 30
L'Officier Bleu, dr. 3 a. 0
Portier je veux de tes cheveux. 40
Rita l'Espagnole, dr. 4 a. 50
Piquillo, op.-com. 3 a. 40
Le Café des Comédiens, v. 1 a. 40
Thomas Mauravert, dr. 5 a. 50
Pauvre Mère, dr. 5 actes par Francis Cornu et Auger. 50
Spectacle à la Cour, c.-v. 2 a. 40
Le Domino Noir, op.-c. 3 a. 40
Longue-Épée, dr. 5 a. 40
Marus Padilla, en 3 a. 40
Roméo et Juliette, trag. 5 a. par Frédéric Soulié. 40
La Folie Beaujon. 30

TOME XV.
Marquise de Senneterre, c. 3 a. 40
Caligula, 5 a. par A. Dumas. 50
L'Île de la Folie, v. 1 a. 30
La Dame de la Halle, v. 2 a. 40
Les Ambassadeurs, par. 3 a. 50
A Trente Ans, v. 3 act. par Rosier. 40
L'Élève de St-Cyr, dr. 5 a. 50
Marcel, dr. 4 a. 40
La Maîtresse de Langues, v. 40
Le Cabaret de Lustucru, 1 a. 30
L'Interdiction, dr. 2 a. 40
La Pauvre Fille, mél. 5 a. 50
Isabelle, com. 3 a. 40
La Petite Maison, c.-v. 2 a. 40
La Demoiselle Majeure, v. 3 a. 30
M. et Mme Pinchon, c.-v. 1 a. 30
Mlle Dangeville, c.-v. 1 a. 40

TOME XVI.
Arthur, c.-v. 2 a. 40
Les Suites d'une faute, d. 5 a. 50
Les Enfans du délire, v. 1 a. 40
Matéo, d. 5 a. 50
Le Mariage en Capuchon, v. 2 a. 40
A bas les hommes ! v. 1 a. 40
La Bourse de Pézénas, v. 1 a. 30
Lord Surrey, dr. 5 actes par Fillion et de Josserand. 50
Simon Terre-Neuve, c.-v. 1 a. 30
Gaspard Hauser, dr. 4 a. par Anicet et D'ennery. 40
Les deux Pigeons, c.-v. 1 a. 40
Mathias l'Invalide, c.-v. 2 a. 40
Impressions de Voyages, v. 1 a. 40
Geneviève de Brabant, mél. 4 a. 50
Raphaël, dr. com. 3 a. 40
Faute de s'entendre, com. 1 a. 40

TABLEAU II, SCÈNE II.

CALYPSO,

VAUDEVILLE MYTHOLOGIQUE EN TROIS TABLEAUX,

PAR MM. COGNIARD FRÈRES,

REPRÉSENTÉ, POUR LA PREMIÈRE FOIS, A PARIS, SUR LE THÉATRE DE LA PORTE-SAINT-MARTIN, LE SAMEDI 7 SEPTEMBRE 1844.

PERSONNAGES.	ACTEURS.	PERSONNAGES.	ACTEURS.
TÉLÉMAQUE	M. Gabriel.	VÉNUS	Mlle Andréa.
MENTOR	M. Nestor.	L'AMOUR	Mlle Nehr.
SYLVAIN	M. Tournan.	JUPITER	M. Dubois.
CALYPSO	Mme St-Firmin.	NEPTUNE	M. Moessard.
EUCHARIS	Mlle Lorry.	MERCURE, FAUNES, NYMPHES, TRITONS, NAYADES, ETC.	

Premier Tableau.

La Grotte de Calypso.

SCÈNE PREMIÈRE.

SYLVAIN, FAUNES.

Au lever du rideau, on entend au loin un air de chasse. Les sons du cor s'affaiblissent peu à peu. Sylvain paraît à l'entrée de la grotte; il écoute au dehors, puis entre avec précaution, suivi de plusieurs Faunes.

SYLVAIN. La chasse s'éloigne...
UN FAUNE. Pourquoi ce mystère?
UN AUTRE FAUNE. Pourquoi nous avoir conduits ici?

SYLVAIN. Approchez... et prêtez-moi toute la longueur de vos oreilles.
LES FAUNES, *se pressant autour de lui.* Nous écoutons!
SYLVAIN. Hier, à la nuit tombante, deux mortels ont pénétré dans cette île!...
LES FAUNES. Deux mortels!...
SYLVAIN. Oui, un grand flandrin d'abord qui s'intitule Télémaque et qui a l'air fort niais... et un vieux grison très-éraillé qui répond au nom de Mentor.
LE FAUNE. Qu'est-ce que ça te fait?...

SYLVAIN. Qu'est-ce que ça me fait?... Vous ne vous souvenez donc de rien?... — Calypso ne pouvait se consoler du départ d'Ulysse...

LE FAUNE. Connu... connu...

SYLVAIN. Dans sa douleur, je lui parus une distraction... originale... les sons de ma flûte parvinrent peu à peu à calmer ses cuisants regrets... Bientôt elle me sourit... les épithètes les plus sucrées me furent prodiguées... Mais, hélas! Faunes, mes amis, ce bonheur, à l'heure qu'il est... patatras!

LES FAUNES. Comment?

SYLVAIN. Depuis qu'une bourrasque a jeté sur notre île ces deux je ne sais quoi... qui viennent je ne sais d'où... tout s'est écroulé... Depuis ce fatal arrivage, ma déesse m'évite, me boude et me rembarre. — La trop capricieuse Calypso... en tient pour le grand flandrin de Télémaque... et votre ami Sylvain est détrôné!

LES FAUNES. Pauvre Sylvain!

SYLVAIN. Mais c'est vous aussi qu'il faut plaindre, Faunes, mes amis!

LES FAUNES. Nous?...

SYLVAIN. Sans doute. Depuis que vos nymphes ont vu le jeune Télémaque... elles ne rêvent plus que des amants civilisés...

LES FAUNES. Ah! bah!

SYLVAIN. Que font-elles à cette heure, qui, jadis, vous était consacrée?...

LES FAUNES. Oui... que font-elles?...

SYLVAIN. Elles sont à la chasse, afin d'offrir à ces deux malotrus les choses les plus délicates... des cervelles de perroquet, des gésiers de gazelle, des langues de colibri... que sais-je!

LES FAUNES. Mais c'est une horreur!

SYLVAIN. Patience! Sylvain, moins bête que vous, a des projets... et si le dieu Pan me vient en aide... écoutez... (*Les Faunes se rapprochent de lui.*) Il faut ruser...

LES FAUNES. Rusons!

SYLVAIN. Il faut forcer les intrus à déguerpir... et pour cela... (*On entend les sons du cor.*) Mais, silence, ce sont nos belles qui reviennent de la chasse... Sauvons-nous, jouons des flûtes... pour agir de concert...

Les Faunes s'éloignent.

SCÈNE II.

CALYPSO, EUCHARIS, NYMPHES *habillées en chasseresses.*

CHOEUR.

Air de *Charolais* (3e acte, 1re scène, musique de Flottow.)

La chasse est terminée,
Au gré de nos souhaits,
Sous nos traits,
En cette matinée,
Nous avons fait crier
Le gibier.
Sonnez, sonnez, fanfare !
Retentissez aux bois !
Et qu'un gai tintamarre
Célèbre nos exploits !

CALYPSO, *entrant après le chœur.* Vivat! mes poulettes... je suis contente de vous... notre chasse a été mirobolante!... Vous vous êtes distinguées... toi surtout, Eucharis... Saperlotte, ma gaillarde... comme tu poursuis la grosse bête!

EUCHARIS, *à part.* Je crois bien, c'était pour lui!

CALYPSO. Ma foi, vive la chasse! ça vous anime, ça vous secoue, ça vous flanque un appétit d'enfer! Et puis comme le cœur vous bat dès qu'un cerf vous montre les cornes, ou que vous apercevez seulement la queue d'un lièvre!... On revient abîmée, éreintée! je ne connais pas de délassement plus parfait!... N'oublions pas nos aimables hôtes... ils ont dû sortir du bain l'estomac creux; il faut leur préparer un déjeuner digne de leur amphitryonne.

EUCHARIS, *à part.* Ça veut dire un gros déjeuner.

CALYPSO. Allons, petites, qu'on prépare le repas... allumez les feux... soignez bien les rôtis et ne manquez pas les crèmes... je veux aujourd'hui mettre les petits plats dans les grands... Allez!

REPRISE DU CHŒUR.

La chasse est terminée, etc.

Les Nymphes s'éloignent.

SCÈNE III.

CALYPSO, *seule.*

Me voici donc seulette!... je puis rêver à toi... cher Télémaque de mon cœur... Ah! qu'il me tarde de voir ta petite frimousse rose et innocente!... Viens, bel adolescent... viens mirer tes yeux dans mes yeux... Je t'aimerai comme j'aimais ton père Ulysse... car tu lui ressembles!... oh! oui!... tu as son nez... son menton... son œil... il a l'œil scélérat de son père.

Musique. Sylvain paraît tout à coup.

SCÈNE IV.

CALYPSO, SYLVAIN.

SYLVAIN. Vous trouvez?

CALYPSO. Sylvain!... vous étiez là?

SYLVAIN. J'étais là.
CALYPSO. Auriez-vous ouï mon soliloque?
SYLVAIN. Oui! et je le trouve pas mal scandaleux...
CALYPSO. Faune!... le mot est cavalier!
SYLVAIN, *avec force.* Calypso! quand la coupe est trop pleine, elle déborde!
CALYPSO. Eh quoi! pour un peu d'intérêt que je témoigne à deux malheureux naufragés... gonflés d'eau salée... et pour lesquels je pratique les lois de l'hospitalité...
SYLVAIN. Les... pratiquerez-vous longtemps encore?
CALYPSO. Il faut bien leur donner le temps de sécher, à ces deux infortunés.
SYLVAIN. Calypso!... hier, pendant le souper, vous brûliez le plus jeune du feu de vos prunelles!
CALYPSO. Bah!... vous croyez?
SYLVAIN. Calypso!... encore deux ou trois pas, et vous devenez parjure.
CALYPSO. Trois pas?
SYLVAIN. Le quatrième sera un faux pas... songez-y!
CALYPSO. Voulez-vous que je vous dise, maître Sylvain?...
SYLVAIN. Parlez.
CALYPSO. Depuis quelque temps, votre ton avec moi est trop haut de plusieurs notes... vous m'obligerez infiniment en restant au milieu de vos roseaux... j'aurai quelque plaisir... à ne plus vous fréquenter.
SYLVAIN. Très-bien.... c'est un congé en formes...
CALYPSO. J'en ai peur.
SYLVAIN. Grrrrosse volage!
CALYPSO, *avec dignité.* Amphibie que vous êtes!... oubliez-vous donc que vous parlez à une déesse?... Tout cela aura-t-il une fin, finalement?...
SYLVAIN. Eh bien, oui... c'est fini... je romps!
CALYPSO. C'est ce que je demande... rompons.
SYLVAIN. Plus rien entre nous!
CALYPSO. C'est tout profit pour moi.
SYLVAIN. Et pour moi aussi...
CALYPSO. Un amant de votre acabit... ça n'est pas une grande perte!...
SYLVAIN. Une coquette de votre étoffe, ça n'est pas le Pérou!

AIR *de la Prova.* (Voyez quelle figure!)

CALYPSO.
Quel ton! quelle dégaine!
A-t-il tournure humaine?
Mais à voir il fait peine!
Je rougis d'avoir aimé ça!
Ah! ah! ah! ah! ah! ah!

SYLVAIN.
Quant à vous, noble dame,
Vous seriez un trésor
Si vous valiez, madame,
Tout votre pesant d'or.

CALYPSO.
A-t-on figure plus commune!

SYLVAIN.
Ce sont les trois grâces en une!

CALYPSO.
Ses yeux sont des noix de coco!

SYLVAIN.
En elle tout est rococo!

CALYPSO.
Son nez se moque de sa bouche!

SYLVAIN.
De rage, voyez, elle louche!

CALYPSO.
C'est un vrai singe barbouillé.

SYLVAIN.
C'est un édredon habillé!

REPRISE ENSEMBLE.
Quel ton! quelle dégaine!
A-t-il
A-t-elle figure humaine! etc.

Sylvain sort furieux.

~~~~~~~~~~~~~~~~~~~~~~~~~~~~

SCÈNE V.

CALYPSO, *puis* EUCHARIS *et* LES NYMPHES.

CALYPSO. Ouf!... j'en suis toute ahurie!... j'ai le sang dans les joues! je dois avoir les traits altérés... et Télémaque va venir... si je mettais un peu de blanc?... Justement... j'entends mes nymphes. (*Les Nymphes arrivent, portant le déjeuner sur des plats d'or; d'autres portent des fleurs. Elles mettent le couvert sur une table de pierre qui est dans la grotte. Calypso s'assied; pendant qu'on met le couvert d'un côté, on arrange sa toilette de l'autre côté. Minaudant.*) Suis-je jolie, Tepsada?
TEPSADA. Ravissante!...
CALYPSO. Flatteuse...
EUCHARIS. Voici les deux étrangers...
CALYPSO. O mon cœur! comme tu te débats!

~~~~~~~~~~~~~~~~~~~~~~~~~~~~

SCÈNE VI.

CALYPSO, EUCHARIS, MENTOR, TÉLÉMAQUE, NYMPHES.

CHŒUR.

AIR *de l'introduction de Zampa.*

A ces héros rendons un juste hommage,
On ne saurait leur faire trop d'honneurs.
Jetons ici sur leur passage
Des chants d'allégresse et des fleurs.

Télémaque et Mentor entrent pendant le chœur. Mentor a le bras gauche appuyé sur l'épaule de Télémaque et tient sa main droite dans la sienne. Ils se sont approchés de Calypso. Télémaque s'incline devant elle, Mentor reste impassible.

CALYPSO. Salut à mes hôtes!
TÉLÉMAQUE, *saluant*. Déesse, nous avons celui...
MENTOR, *gravement*. Déesse, je vous souhaite bien le bonjour. (*Bas, à Télémaque.*) Tu sais ce que je t'ai dit... méfie-toi, petit, méfie-toi!
CALYPSO. Avez-vous passé une bonne nuit?
TÉLÉMAQUE. Une bonne nuit?... mais oui.
MENTOR, *l'interrompant*. Morphée nous a assez bien traités... nous dormîmes comme des marmottes.... après ça, il faut tout dire, la couche était moelleuse! je crois avoir ronflé comme un bourdon.
CALYPSO. Et vous, Télémaque?
MENTOR. Il ronflait pas trop mal non plus.
TÉLÉMAQUE. Moi, j'ai rêvassé toute la nuit.
CALYPSO. Vous rêvassâtes?... et de quoi?
TÉLÉMAQUE. Je ne sais si je dois vous conter... les rêves, souvent c'est si bête!...
MENTOR. Souvent aussi, ô mon fils! c'est un avertissement de très-haut... (*A Calypso.*) Il a rêvé poissons... c'est trahison, dit-on.
CALYPSO. Le vieux affectionne beaucoup les logogriphes... il y a dans son regard un je ne sais quoi... qui ne me va pas!
EUCHARIS. Déesse, vous êtes servie.
CALYPSO. C'est bien.
MENTOR. Si l'hydromel est tiré, il faut le boire.
CALYPSO, *à Télémaque*. Avez-vous appétit?
TÉLÉMAQUE. Atrocement.
CALYPSO. Nymphes, servez chaud. (*Bas, à Eucharis.*) Soigne le jeune Télémaque... verse-lui à boire... beaucoup et souvent.
EUCHARIS, *bas*. Oui, déesse. (*A part.*) Elle veut donc le griser...
CALYPSO. A table! et qu'on égaye le repas par des chants et des danses.
TÉLÉMAQUE *et* MENTOR. A table!

CHOEUR.

Air: *Folie*.

A table!
Notre couvert est apprêté;
Que le convive aimable
Fasse ici régner la gaîté.

MENTOR, *à Télémaque*.

Il faut, enfant novice,
Pour garder ton cerveau,
Pendant tout le service,
Ne boire que de l'eau.

CALYPSO. Eh bien, mes hôtes?
MENTOR *et* TÉLÉMAQUE. Voilà, déesse.

REPRISE.

A table, etc.

Après le chœur, les danses commencent.

MENTOR, *pendant le ballet*. Voilà un solide déjeuner... Vraiment, ô déesse!... vous faites de véritables folies...

CALYPSO. C'est sans façon... je vous assure... Vous offrirai-je de ces coquillages?...
TÉLÉMAQUE. Mais ce sont des huîtres, par les dieux!... ce sont des huîtres... j'en raffole, avec du citron.
EUCHARIS, *lui donnant un citron*. En voici un.
MENTOR. Moi, je préfère le gros poivre...
CALYPSO. Eucharis... versez...
EUCHARIS, *à Télémaque*. Buvez donc... vous ne buvez pas...
TÉLÉMAQUE, *tendant sa coupe*. Nymphe, cette attention... (*A part.*) Sapristi! qu'elle est jolie!
EUCHARIS. Comme il me regarde!
Télémaque, qui regarde Eucharis, passe sa coupe sur la table. Mentor prend une carafe et lui verse à boire.
CALYPSO. Que faites-vous?... Vous lui mouillez son vin?...
MENTOR. L'eau est nécessaire à son tempérament.
TÉLÉMAQUE, *avec une grimace*. C'est que nous en avons diantrement bu de l'eau... ces jours passés.
MENTOR. Mon fils, on n'en saurait trop boire.
EUCHARIS, *qui a rempli une autre coupe*. (*Bas, à Télémaque.*) Voici du vin... changeons de coupe... le vieux n'y verra rien.
TÉLÉMAQUE, *changeant de coupe avec elle*. Que de prévenance... ma jolie nymphe... car vous êtes joliment jolie... savez-vous? On vous appelle...

Il se lève.

EUCHARIS. Eucharis.
TÉLÉMAQUE. Oh! que j'aime ce nom-là!... quels yeux! quelle taille! quel tout!...
CALYPSO, *toussant pour qu'on fasse attention à elle*. Hum! hum! hum!...
MENTOR. Télémaque, vous n'êtes pas dans votre assiette...
CALYPSO. Est-ce que ça ne va plus?
TÉLÉMAQUE. Oh! faites excuse... ça va... (*Regardant Eucharis.*) Ça va très-bien... Je mangerais bien un peu de langue aux pistaches.

On le sert.

FIN DU BALLET.

CALYPSO. Maintenant, noble Télémaque... et vous, vertueux vieillard... si votre fringale est calmée, daignez l'un ou l'autre achever le récit merveilleux de vos aventures... vous nous l'avez promis...
TÉLÉMAQUE. Et nous...
MENTOR. Tiendrons...
TÉLÉMAQUE. Parole.
MENTOR. Encore un coup d'hydromel, et je suis à vous.

On donne un curedent à Mentor.

CALYPSO. Nymphes, groupez-vous autour de nous... écoutez... et faites silence...

CHOEUR.

Air de l'Ombre.

Ecoutons, près d'eux,
Sans bruit, sans murmures,
De tant d'aventures
Les récits fameux.

Calypso prend une pose coquette en se couchant à demi sur le banc qui lui sert de siége. Eucharis reste auprès de Télémaque. Toutes les Nymphes forment différents groupes. Tableau. — On a enlevé la table pendant le chœur.

MENTOR. Nous disions donc... où diable en étions-nous restés?...

Il cherche en se grattant le front.

TÉLÉMAQUE, *qui regarde Eucharis.* Je n'y suis plus du tout... Faites-moi l'amitié, ô le plus sage des hommes! de narrer à ma place... je ne pourrais pas narrer en ce moment.

CALYPSO. Vous veniez d'échapper à la fureur des Cyclopes.

TÉLÉMAQUE. Oui... c'est cela...

MENTOR. Vous avez, ma foi, raison. Nous naviguions donc avec mon élève, cherchant partout son père que nous ne trouvions nulle part; il est bon de vous dire que je ne connais pas d'homme plus difficile à trouver que le père de mon élève. — Cela dit, je poursuis : — Nous arrivâmes au pays des Cyclopes, gens très-féroces et d'assez mauvais ton. Comme ils n'avaient pas l'air de nous regarder d'un bon œil, nous rasâmes leurs côtes... afin de mettre les nôtres en sûreté. (*Très-fort.*) De chez les Cyclopes (*très-doucement*), nous cinglâmes vers l'île de Crète, où nous séjournâmes. — Nous fûmes reçus dans les meilleures maisons... et nous devînmes l'objet de l'attention générale. Mon élève, que vous voyez là... avec son petit air romance... mon élève ne tarda pas à devenir le coq de l'île de Crète... il eut des succès de toute nature... bref... il plut tellement à ces Crétins...

CALYPSO. Vous dites?...

MENTOR. Crétins... les habitants de l'île de Crète.

CALYPSO. Je croyais qu'on disait Crétois...

MENTOR. Crétins, Crétois... l'un et l'autre se disent. — Les Crétois peuvent fort bien être des Crétins. — Après ça, vous êtes libre de les terminer en ois. — Bref, mon élève leur fit des calembours si sublimes, des coq-à-l'âne si farces... enfin, il les entortilla si bien, le petit drôle, que les premiers du royaume résolurent à l'unanimité de le nommer roi des Crétins!

CALYPSO. Il y tient.

EUCHARIS. Quel honneur!

TÉLÉMAQUE. Mais je refusai, car le devoir m'ordonnait de me remettre à la recherche de papa.

CALYPSO, *faisant sentir chaque syllabe.* Rare piété filiale!

TÉLÉMAQUE. C'est alors que nous fûmes emportés vers l'île de Chypre.

MENTOR. Chypre! Chypre! île affreuse!... où l'on ne hume qu'un air embaumé... horrible séjour... tout émaillé de roses pompons... terre épouvantable... très-séduisante à l'œil...

TÉLÉMAQUE. Une femme vint nous inviter à visiter le temple de l'île. (*Avec emphase.*) Elle était belle, cette femme!

MENTOR. Je crois bien,... c'était Vénus!

TOUTES. Vénus!...

MENTOR. Elle-même... habillée... comme on ne l'est pas. — Fermez les yeux, dis-je à Télémaque, qui poussait des soupirs que je comparerai aux soufflets des forges de Vulcain.

CALYPSO, *à Télémaque.* Vous... soupiriez?

TÉLÉMAQUE, *baissant les yeux.* Beaucoup.

MENTOR. De son côté, Vénus le mangeait des yeux. — Fuyons d'ici! m'écriai-je. — Je veux rester, disait l'enfant. — Je ne veux pas, que je répondais. Alors, pour le décider à me suivre de bonne volonté, je le gratifiai de mille bourrades en l'entraînant loin de cet affreux joli temple... où il aurait laissé l'innocence de son cœur.

TÉLÉMAQUE. Dès que je vis qu'il n'y avait pas moyen de rester, je ne balançai plus à partir.

MENTOR, *en riant.* Vénus était horriblement vexée.

TÉLÉMAQUE. Elle eut beau faire des mines, prendre des poses... très-jolies... nous grimpâmes sur notre esquif...

MENTOR. Et nous nous esquivâmes.

TÉLÉMAQUE. Mais Vénus n'avait pas dit son dernier mot. En collaboration avec le père Neptune, elle nous gratifia d'une tempête qui fit pirouetter notre navire, déchira nos voiles...

MENTOR. Et brisa nos petits cordages. — Un instant après, flouc! nous donnions tous deux un plat dos dans l'eau; nous clapotions... nous clapotions comme des canards...

TÉLÉMAQUE. Quand j'aperçois notre grand mât encore pavoisé... Je le serre dans mes bras...

MENTOR. J'en fais autant... et nous arrivons ici comme deux volailles à la broche. Vous savez le reste, ô déesse!...

CALYPSO. Oui; vous étiez joliment défrisés... Télémaque était tout pâlot...

MENTOR. Moi, je devais être jaune et vert.

CALYPSO. Votre position m'intéressa. — Et quand vous implorâtes mon secours... mouillés comme vous l'étiez..

MENTOR. Loin de nous recevoir sèchement, vous nous accueillîtes avec une bonté que nous n'oublierons jamais... dussions-nous vivre vingt-cinq mille ans. Ça n'est pas probable, mais c'est une chose qui se dit.

CALYPSO, *se levant*. Soyez les bienvenus. Votre navire est perdu; restez donc dans cette île; faites comme chez vous : pas de gêne, pas de façons. Nous trouverons bien le moyen de vous distraire.

TÉLÉMAQUE, *à part, en regardant Eucharis*. Oh! c'est tout trouvé!

EUCHARIS, *à part*. Il envoie toujours ses yeux de mon côté!

MENTOR, *bas, à Télémaque*. Méfie-toi, petit... méfie-toi!

CALYPSO. Allons, mes nymphes! que l'on se livre au plaisir... Fêtons dignement l'arrivée de ces deux estimables étrangers. De la joie! des jeux! de la folie!... Allons cueillir des fleurs et nous balancer sur des escarpolettes.

TÉLÉMAQUE, *sautant de joie*. Des escarpolettes! qué bonheur! qué bonheur!

MENTOR. Quelle balançoire!

CALYPSO, *à part*. Sa naïveté m'enchante!... il ne s'agit plus que de me ménager avec lui un doux entretien.

MENTOR, *à part, regardant Calypso*. Je devine tes projets, ma grosse mère ; mais je suis là et je ne te perdrai pas de vue.

CALYPSO, *à Mentor*. Je voudrais rester seule ici un instant avec votre élève.

MENTOR *s'incline et dit à Télémaque qui est à sa droite* : Je voudrais rester seul ici un instant avec la déesse.

TÉLÉMAQUE *s'incline et dit à Eucharis qui se trouve à sa droite* : Je voudrais me trouver seul un instant avec vous.

EUCHARIS. Je sors avec mes compagnes.

TÉLÉMAQUE. Alors, je sors avec vous.

CHOEUR.

Air : *La cloche nous appelle.*

Que tout, dans cet empire,
Vienne charmer le cœur;
Ici que tout respire
La joie et le bonheur.
} *bis.*

Les Nymphes sortent. Télémaque suit Eucharis. Calypso est restée sur le devant, arrangeant sa toilette. Mentor est resté au fond, contemplant Calypso.

SCÈNE VII.

CALYPSO, MENTOR.

CALYPSO. Enfin... je vais être seule à seul avec lui... (*Se retournant.*) Eh bien! où est-il donc?... Vous ne lui avez donc pas dit... Je cours sur ses traces...

MENTOR, *gravement et l'arrêtant*. Déesse!...

CALYPSO. Qu'est-ce?...

MENTOR. Trois mots...

CALYPSO. C'est trop...

MENTOR. C'est urgent...

CALYPSO. Dans l'instant...

MENTOR. C'est pressant...

CALYPSO. Je n'ai pas le temps...

MENTOR. Aussitôt...

CALYPSO, *avec impatience*. C'est trop tôt...

MENTOR, *avec force*. Il le faut!...

CALYPSO, *à part*. C'est étrange... il y a dans le regard de ce vieux quelque chose qui me cloue à cette place... je suis clouée!.. (*Haut.*) Voyons! de quoi ou de qui s'agit-il?...

MENTOR. De mon élève.

CALYPSO. Ah! c'est un charmant jeune homme... Parlons-en... parlons-en beaucoup.

MENTOR. Je commence... Voilà donc un joli petit garçon qui vient au monde.

CALYPSO. Ah ça, vous me parlez là d'un nourrisson?

MENTOR. Nous allons le faire grandir. — L'enfant devient adolescent, l'adolescent se développe, et on lui choisit un gouverneur chargé de le conduire dans les petits sentiers de la vertu. Le maître et son élève se mettent à trottiner dans ces aimables petits sentiers... lorsque tout à coup, ô événement pas gai! une femme vient se planter à la traverse et leur barrer le passage...

CALYPSO. Je commence à comprendre.

MENTOR. Cette femme a de la prestance, l'élève n'a que son innocence, mais le gouverneur a de la prudence... et il vient dire à la syrène... en conséquence...

CALYPSO. Assez... assez... je devine la prétention de cette historiette. — Le garçon en question, c'est Télémaque! le précepteur, vous! la syrène, moi!

MENTOR. Eh bien, oui, déesse, trois fois oui!... Vous êtes belle et superbe... mais, je vous en supplie, cachez vos grâces à mon élève... votre voix est chatouillante... vous avez de l'œil... n'en abusez pas! Grâce!... grâce... pour mon enfant!

CALYPSO. Mon cher ami, je vous trouve divertissant. Est-ce que je puis loucher pour vous faire plaisir?... Oh! non ; mon cœur me le défend.

MENTOR. Mais alors vous avouez donc...

CALYPSO. Que je l'aime? oui!... que je l'adore? oui!... que j'en suis folle, en un mot? oui! oui! toujours oui!...

MENTOR. O Jupin! protége-nous!...

CALYPSO. Mais pourquoi tant de frayeur? Je ne lui veux pas de mal... au contraire...

MENTOR. Oh! vous ne le tenez pas encore !...

CALYPSO. Je connais le pouvoir de mes charmes...

MENTOR. Possible!... mais vous ne connaissez pas Mentor... Vous vous êtes dit, en me voyant : Voilà un vieux podagre... un vieux rabâcheur... j'en aurai bon marché... Erreur! Calypso, erreur!...

CALYPSO, *à part*. Que veut-il dire?...

MENTOR, *avec force*. C'est la guerre que tu veux, déesse égrillarde?... va pour la guerre!

CALYPSO. Monsieur !... je suis chez moi ! prenez garde!

MENTOR. Je n'ajouterai qu'un mot... vous pouvez commencer l'attaque... je vais préparer la défense.

CALYPSO. Bonne chance!... (*Criant au dehors.*) Hola!... nymphes!... holà!...

SCÈNE VIII.

LES MÊMES, LES NYMPHES, *qui arrivent de tous côtés.*

CHOEUR.

AIR de la *Savonnette impériale.*

Vite, en foule, auprès d'elle,
Hâtons-nous d'accourir :
La voix qui nous appelle
Est celle du plaisir.
C'est la voix *(bis)* du plaisir.

CALYPSO *à une Nymphe.*
Mais Eucharis?... où donc est-elle?...

MENTOR.
Et Télémaque?...

LA NYMPHE.
Tous les deux...

Ils sont partis...

CALYPSO *et* MENTOR.
Crainte nouvelle...
Quoi! tous les deux... loin de ces lieux!...

MENTOR.
Ce départ me semble
Très-louche... et je tremble...
Courons... courons... car j'ai grand' peur!...

(*A Calypso qui vent l'arrêter.*)
Je suis votre serviteur...

Il sort vivement.

REPRISE DU CHOEUR.
Vite, en foule, auprès d'elle, etc.

Toutes les Nymphes sortent précédées de Calypso. Le décor change.

Deuxième Tableau.

Un bois avec des bosquets de fleurs.

SCÈNE PREMIÈRE.

VÉNUS, *puis* L'AMOUR.

Vénus arrive sur un char traîné par des colombes; elle en descend et regarde autour d'elle.

VÉNUS. C'est ici!... sur cette terre, que ces deux téméraires ont trouvé un asile !... Sauvés de la tempête, qui devait les engloutir... Quel est le dieu qui les protége?... C'est donc impunément que deux mortels auront méprisé le culte qu'on me rend... à moi, Vénus, la fille du Ciel et de la Terre... courtisée par tous les dieux de l'Olympe !... oh! c'est une honte !... mais j'en tirerai une vengeance terrible !... (*Elle va s'asseoir rêveuse sur un banc de gazon et de fleurs. Un nuage portant l'Amour paraît au fond. L'Amour s'aperçoit de la rêverie de sa mère, et danse afin de la distraire. Vénus le regarde à peine, et l'Amour vient lui demander la cause de l'air soucieux qui assombrit son beau visage.*) Tu t'étonnes de ma tristesse !... Et cependant, mon fils, tu connais l'affront que j'ai reçu dans l'île de Chypre... Un pareil outrage m'est peut-être réservé à Paphos, à Lesbos, à Cythère !... Et les deux imprudents qui ont méprisé mon pouvoir et le tien sont heureux et insouciants sur ces bords.... et s'ils nous échappent, aucun mortel désormais ne voudra encenser nos autels!

L'AMOUR *dit à sa mère de se calmer.* « Partez, ajoute-t-il, regagnez les rives fleuries » de Cythère, et que votre visage reprenne » son divin sourire; je me charge, moi, du » soin de votre vengeance!—Partez, je reste » ici avec cet arc.... avec ces flèches!... »

VÉNUS. Eh bien !... je consens à te laisser le soin de notre vengeance commune... Je veux que ton pouvoir soit sans bornes dans cette île... (*Détachant sa ceinture.*) Tiens, prends ce talisman... Cette ceinture où sont renfermés les grâces, les désirs, les attraits... Cette ceinture que l'on ne saurait porter sans ressentir aussitôt la passion qu'on inspire.... je te la confie !... Adieu!

L'AMOUR. « Soyez sans crainte, ma mère :

» avec un tel secours, tout est possible. (*Vé-
» nus remonte sur son char. Les Grâces re-
» gagnent leur nuage et l'Amour reste seul.
» L'Amour réfléchit un moment, puis prê-
» tant l'oreille.*) On vient de ce côté, dit-il...
» Etendons-nous sur ce banc, et feignons de
» dormir. »

SCÈNE II.

L'AMOUR, TÉLÉMAQUE, EUCHARIS.

Eucharis entre la première en courant, Télémaque la suit.

EUCHARIS, *parlant à la cantonade*. Mais venez donc.... c'est ici le lieu du rendez-vous. (*A part.*) Dieu! quel lambin!

TÉLÉMAQUE. Sapristi..... ma belle.... comme vous y allez!... Vous faites une fameuse trotteuse.... savez-vous?...

EUCHARIS. Vous êtes fatigué?

TÉLÉMAQUE. Je ne le cache pas.... les jambes me rentrent dans le coffre.... et je voudrais bien m'asseoir...

EUCHARIS, *avec dépit*. Vous asseoir.... ne vous gênez pas, monsieur.... et si vous avez sommeil.... faites la sieste!

TÉLÉMAQUE. Vous auriez le droit de vous asseoir aussi... près de moi...

EUCHARIS, *baissant les yeux*. Y pensez-vous? Si l'on nous surprenait ainsi?

TÉLÉMAQUE. Je ne vois pas trop ce qu'on pourrait supposer...

EUCHARIS, *à part*. Est-il innocent!...

TÉLÉMAQUE. Vous dites...

EUCHARIS. Vous n'êtes donc pas heureux de vous trouver en ce lieu écarté.... seul à seul avec moi?...

TÉLÉMAQUE, *froidement*. Mais je n'en éprouve aucun déplaisir... après ça... je vous avouerai naïvement que j'aimerais beaucoup m'asseoir, ou me balancer dans une escarpolette... on m'a parlé d'escarpolette... et l'on est assis là dedans... Ah ça, il n'y a donc pas de banc ici?...

EUCHARIS, *à part*. Il est d'une naïveté qui passe la permission...

TÉLÉMAQUE, *qui cherche un banc, aperçoit l'Amour*. Tiens! qu'est-ce que c'est que ça?...

EUCHARIS. Que vois-je!... un enfant!

TÉLÉMAQUE. Ou un oiseau... car il a des ailes dans le dos...

EUCHARIS. Oh! qu'il est gentil! il dort!

TÉLÉMAQUE. Si nous l'attachions par une patte pour le faire voler...

EUCHARIS. Par exemple!... pour lui faire du mal... Ah! voilà qu'il s'éveille...

TÉLÉMAQUE. Pourvu qu'il n'aille pas s'envoler.

L'Amour fait un signe qu'il ne veut pas s'envoler, mais bien rester auprès d'eux. Il prend diverses attitudes gracieuses, envoie des baisers à Eucharis et fait un petit signe de menace à Télémaque.

EUCHARIS. Comme il est gracieux!

TÉLÉMAQUE. Je le trouve tout drôle, ce petit... Ah ça.... il a un étui sur le dos... qu'est-ce qu'il peut mettre là dedans... c'est sans doute son petit sac de voyage? (*L'Amour s'approche de Télémaque et semble l'inviter à prendre une flèche dans son carquois.*) Puisque vous le permettez... je vais satisfaire ma curiosité. (*Il tire une flèche du carquois.*) Ah! je vois ce que c'est... c'est un trait... des plumes par ici... et de l'autre bout... aie!...

EUCHARIS. Qu'est-ce donc...

TÉLÉMAQUE. La pointe de ce dard a rencontré mon aquilin... c'est un vilain trait... c'est qu'il est fort pointu...

EUCHARIS. Votre aquilin?

TÉLÉMAQUE. Non... le dard... voyez plutôt...

Il la touche au bras.

EUCHARIS. Aie!... Méchant... vous m'avez piquée.

L'Amour rit d'un air de triomphe.

TÉLÉMAQUE. Maladroit que je suis!...

Il jette la flèche avec humeur. L'amour la ramasse et se sauve.

EUCHARIS, *à part*. C'est étrange... cette piqûre me cause une sensation singulière.

TÉLÉMAQUE. Eucharis... vous êtes piquée contre moi?...

EUCHARIS. Vous m'avez fait mal... mais je n'ai pas la force de vous en vouloir...

TÉLÉMAQUE, *après une petite pose*. Je ne sais ce qui se passe dans mon intérieur; ça m'a d'abord pris par là (*il tâte son nez*); ça m'a fait chaud à cet endroit, et maintenant ça me parcourt... ça me parcourt.

EUCHARIS. C'est comme moi!... je ne sais ce que j'éprouve...

ENSEMBLE.

AIR : *La voilà qui s'avance* (Pauvre Jacques).

TÉLÉMAQUE et EUCHARIS.

Ce regard qui m'enflamme
Me fait battre le cœur,
Et je sens dans mon âme
Se glisser le bonheur.

TÉLÉMAQUE.

Quel joli petit être!
Je la vois sous un nouveau jour!

EUCHARIS.

Son regard me pénètre!
Si c'était...

L'AMOUR, *montrant sa tête au dessus d'un buisson*.

De l'amour...

ENSEMBLE.

C'est de l'amour. (*Bis.*)

REPRISE DE L'ENSEMBLE.
Télémaque est resté tout rêveur.
EUCHARIS. Ciel ! la déesse... fuyons !
Elle se sauve par la gauche.
TÉLÉMAQUE, *qui ne l'a pas vue sortir.* Amour ! amour !... le joli mot ! comme il est doux à l'oreille !... il me semble qu'il sort des fleurs, que les oiseaux me le gazouillent, que les petits ruisseaux le murmurent !...

SCÈNE III.
CALYPSO, TÉLÉMAQUE.

CALYPSO. Enfin !... c'est lui ! il est seul ! approchons...
TÉLÉMAQUE, *qui croit toujours Eucharis près de lui, avec explosion.* Ma foi... je n'y tiens plus ! il faut que je l'embrasse !!! tant pire !...
Il se retourne aussitôt.
CALYPSO. M'embrasser !
TÉLÉMAQUE. Que vois-je ?
CALYPSO, *minaudant.* M'embrasser... en ce lieu solitaire !...
TÉLÉMAQUE, *à part.* Ai-je la berlue ?
CALYPSO. Et cela... brusquement ! sans préparation !...
TÉLÉMAQUE, *s'éloignant d'elle.* Oh ! rassurez-vous, déesse... rassurez-vous ! je serais un impertinent, un drôle, si je me permettais... moi ! oser vous embrasser ? allons donc ! (*A part.*) J'aime bien mieux l'autre... mais où diable est-elle passée ?
CALYPSO, *à part.* Quel glaçon !... au lieu de venir me dérober un baiser... Que ces petits jeunes gens sont godiches ! (*Haut.*) Pourquoi vous éloigner ainsi ?... Écoutez-moi, jeune Télémaque... je suis immortelle !
TÉLÉMAQUE. Tout le monde ne peut pas en dire autant !
CALYPSO. Je suis fille de l'Océan.
TÉLÉMAQUE. J'ai joliment pataugé dans votre papa ! c'est égal, vous avez pour père une belle mer.
CALYPSO. Vous avez dû remarquer avec quelle faveur je vous ai reçu dans mon île... d'Ogygie.
TÉLÉMAQUE. Ah ! votre propriété s'appelle Ogygie ? le nom est farce !
CALYPSO. Eh bien, que diriez-vous si je vous proposais... d'y rester à tout jamais ?
TÉLÉMAQUE *à part.* Vivre auprès d'Eucharis !...
CALYPSO. Vous ne me répondez pas ?
TÉLÉMAQUE. Mais je goûte assez votre proposition, ô déesse... le pays me plaît... l'air est sain, la nourriture est bonne...
CALYPSO, *à part.* Il est à moi !
TÉLÉMAQUE. Et si Mentor y consent...

CALYPSO, *à part.* Toujours ce vieux sur mon chemin !... (*Haut.*) Mentor !... pourquoi vous occuper de Mentor ?... Franchement, est-ce que vous le trouvez amusant ?
TÉLÉMAQUE. Franchement.... pas beaucoup.
CALYPSO. Pourquoi ne pas vous soustraire au joug de cet estimable mais insipide vieillard ? n'êtes-vous pas assez grand pour marcher sans lisières ?
TÉLÉMAQUE. Mais, par les dieux, vous m'y faites penser...
Mentor paraît au fond.
CALYPSO. N'est-il pas humiliant pour vous d'avoir besoin d'une permission pour remarquer une femme ? (*Minaudant.*) Car enfin, un jour ou l'autre, une mortelle peut vous plaire... voire même une déesse !
TÉLÉMAQUE, *à part.* Où veut-elle en venir ?
CALYPSO. Supposez que cela soit...
TÉLÉMAQUE. Ah ! bien, oui... ce n'est qu'une supposition ?
CALYPSO. Au moment où vous diriez à cette déesse ces doux mots : « Je t'aime !... » voyez-vous apparaître, entre elle et vous, la tête d'un vieil importun... d'un vieux radoteur ?...
Mentor, qui s'est approché peu à peu, se trouve entre Calypso et Télémaque.

SCÈNE IV.
CALYPSO, MENTOR, TÉLÉMAQUE.

MENTOR. La tête demandée, la voilà !
ENSEMBLE.
TÉLÉMAQUE. Mentor !
CALYPSO. C'est lui !
MENTOR, *prenant la main de Calypso, et la fixant.* Désolé, ô déesse ! d'interrompre un entretien... qui promettait, ma foi !... Je désirerais... radoter un instant avec mon élève... et si vous daignez me laisser le champ libre... (*Bas.*) Après l'attaque, la défense est permise.
CALYPSO, *dégageant sa main avec colère.* Il suffit. (*A part.*) Quelle poigne ! non, ce n'est pas la poigne d'un simple homme !... Cette enveloppe ridée cacherait-elle quelque demi-dieu, voyageant incognito ? serait-ce un dieu tout entier ?... Diable ! la partie ne serait plus égale... je le saurai ! (*Haut.*) Je vous laisse... Tâchez de ne pas trop ennuyer ce pauvre jeune homme !
MENTOR. Je tâcherai.
CALYPSO. Télémaque, mon ami, nous nous reverrons bientôt... je ne vous dis que ça... Nous nous reverrons bientôt.
MENTOR, *à part.* Peut-êtr !

SCÈNE V.

MENTOR, TÉLÉMAQUE.

MENTOR, *avec chaleur*. Enfin, elle nous laisse seuls !

TÉLÉMAQUE. Pourquoi cette agitation, ô mon maître ?

MENTOR. Télémaque, cher élève ! bonne nouvelle !

TÉLÉMAQUE. Qu'avez-vous, vénérable ami ?...

MENTOR. Notre navire...

TÉLÉMAQUE. Eh bien ?...

MENTOR. La marée montante vient de nous jeter sa carcasse sur la rive ! Ah ! mon ami... mon œil s'est mouillé à la vue d'une carcasse si chère, et je me suis écrié avec transport...

AIR : *Adieu mon beau navire.*

Salut, mon beau navire !
Au grand mât (bis) tout brisé ;
C'est toi, je puis sourire,
C'est bien toi, je n' me suis pas blousé !
Sur sa nef plus légère
Qu'une coquille d'œuf,
Nous fuirons cette terre,
Quand il s'ra r'mis à neuf.

TÉLÉMAQUE.

Quoi ? derechef... nous visit'rons ensemble
Le glob' du bas en haut,
Les pays froids où l'on gèle, où l'on tremble,
Ceux ou l'on crèv' de chaud...
Bientôt !

MENTOR.

Salut, mon beau navire,
Au grand mât tout brisé ;
C'est toi, je puis sourire ;
C'est bien toi, j' ne me suis pas blousé !

TÉLÉMAQUE.

Au diable le navire !
Car c'est moi, moi qui suis tout brisé.
Au diable ! il a beau dire,
Je n' veux plus être gargarisé.

MENTOR. Dans une heure nous pourrons nous embarquer. En ce moment une légion de faunes s'occupe à rafistoler notre navire, grâce à l'obligeance de Sylvain.

TÉLÉMAQUE. Qu'est-ce que ça Sylvain ?

MENTOR. Un faune très-laid, mais très-estimable !

TÉLÉMAQUE. Ah ! oui, je l'ai vu : un homme très-louche, n'est-ce pas ?... Je dis un homme, parce que je ne sais dans quelle classe d'animaux je dois le ranger. Je vous engage fort à vous en défier !

MENTOR. C'est de ton pauvre cœur, ô mon élève ! qu'il faut nous défier !...

SCÈNE VI.

TÉLÉMAQUE, MENTOR, L'AMOUR.

L'Amour paraît au fond et écoute.

TÉLÉMAQUE. Me défier de mon pauvre cœur ? et pourquoi ?...

MENTOR. Parce que, mon enfant, les femmes ne t'inspirent pas assez de répulsion... Les femmes !... ah ! tu ne sais pas ce que c'est !...

TÉLÉMAQUE. Pas assez !

MENTOR. Ecoute mes cheveux blancs. Les femmes... vois-tu... c'est comme un réservoir de séductions perfides, de menteries et autres machinations diaboliques... quand elles caressent, c'est pour mieux égratigner, mon enfant ; quand elles sourient, c'est pour mieux mordre, mon enfant... Tu sais ces champignons errants dont mille donnent la mort... pour quelques-uns que l'on digère... eh bien, semblables à ces champignons... pour une femme qui nous charme... mille autres nous ravagent le cœur... impossible de pouvoir distinguer les bonnes !

L'Amour fait un signe de menace à Mentor et va déposer sur un banc la ceinture de Vénus.

TÉLÉMAQUE. Ce que vous me dites là est peut-être profond, mais je ne goûte pas beaucoup vos champignons.

MENTOR, *lui montrant le banc*. Alors viens t'asseoir sur ce banc ; je veux te faire connaître la femme au moral dans les plus petits détails.

TÉLÉMAQUE. Volontiers.

MENTOR. Portons-lui le dernier coup.

TÉLÉMAQUE, *apercevant la ceinture*. Tiens ! une écharpe... je la rendrai à sa propriétaire... c'est sans doute quelque jeune nymphe qui l'aura oubliée là...

MENTOR, *la lui prenant des mains*. Et tu voudrais la lui attacher toi-même... autour de la taille ?...

TÉLÉMAQUE. Pourquoi pas...

MENTOR, *s'en faisant une cravate*. Donne, donne, je la remettrai... moi... ça me fera, en attendant, un cache-nez très-agréable... Tiens !... ça me produit une douce chaleur... c'est inouï l'excellent bien-être que ça me procure !...

TÉLÉMAQUE. En effet, ça vous donne un air tout gentil... C'est étonnant comme ça vous change.

L'Amour, au fond, suit tous ses mouvemens.

MENTOR. Nous disions donc... ah ! je te prouvais, mon cher élève, que la femme a été jetée sur terre pour embellir nos jours et pour semer le chemin de la vie de violettes et de réséda...

L'Amour rit et s'éloigne.

TÉLÉMAQUE. Mais... vous ne m'avez pas dit un mot de ça...
MENTOR. Ah ! la femme ! la femme !...
TÉLÉMAQUE. Qu'est-ce qui vous prend donc ?
MENTOR. C'est un joli petit être savoureux, velouté, satiné !... qui agace et chatouille le cœur... La nuit, c'est un songe bleu d'azur ; et le jour, c'est un ange qui parfume notre existence... c'est un tout ce que tu voudras qui vous rend tour à tour gai, triste, fou, spirituel, mouton ou féroce, sublime ou bête comme une oie ! Ah ! Télémaque, que la femme est donc une délicieuse invention, mon cher ami!
TÉLÉMAQUE. *Saprrrrristi!*... comme vous y allez !
MENTOR, *d'un air dégagé*. *Saprrrrristi*, oui ! voilà comme j'y vais !
Mais silence... j'entends le frôlement de plusieurs tuniques... Les nymphes viennent de ce côté... sais-tu bien qu'elles sont délirantes... ces jeunesses !
TÉLÉMAQUE. Mentor ! Mentor ! vous devenez inquiétant ! Soyez sage, ô mon maître! vous autrefois plus sage que le sage Nestor.
MENTOR, *avec fatuité*. Je tâcherai !
TÉLÉMAQUE. Il est fêlé... ma parole... il est fêlé.
MENTOR. Elles viennent... ne troublons pas leur laisser-aller ! retirons-nous à l'écart pour les mieux voir... Là, viens... viens...
Il l'entraîne.
TÉLÉMAQUE, *se laissant faire*. Ma foi... je l'aime autant comme ça...
Ils vont se cacher à gauche et disparaissent dans un taillis.

~~~

SCÈNE VII.
L'AMOUR, *les* NYMPHES, *puis* EUCHARIS, TÉLÉMAQUE *et* MENTOR.

Les Nymphes accourent en dansant.
BALLET.
L'Amour se mêle à tous les groupes. Les Nymphes le caressent, l'embrassent, et il disparaît à l'entrée de Mentor et de Télémaque.

MENTOR, *paraissant avec Télémaque*. Divines !... délirantes !... étourdissantes !...
Il envoie des baisers à toutes les Nymphes.
EUCHARIS. Tiens !... le vieux qui s'est apprivoisé !...
MENTOR. Apprivoisé... c'est le mot... J'étais un ours, une buse... je veux être un volage... un papillon léger...
Il prend la taille d'une Nymphe.
TÉLÉMAQUE. J'en suis courbaturé de surprise... vrai !... ça me casse bras et jambes !...
EUCHARIS, *en montrant Mentor*. Mais voyez donc, mes sœurs, quel air noble et gracieux !...
MENTOR. Vous trouvez...
LYCORIS, *autre nymphe*. Quel œil vif !...
ALCINOÉ. Quel teint de rose !...
CALISTE. Comme cette écharpe lui sied bien!
AGLAÉ. Ne lui trouvez-vous pas un charmant profil grec?
MENTOR. Tout ça est un peu chiffonné... mais on vaut encore son prix... on vaut son petit prix.
EUCHARIS. Et dire que nous n'avions pas encore remarqué cette mâle beauté !...
TÉLÉMAQUE, *à part*. Eucharis aussi! Ah ! c'est par trop fort !...
AGLAÉ. Mais c'est qu'il est adorable !...
TOUTES. Il est adorable !
MENTOR. Nymphes !... nymphes !... vous m'accablez... peut-être aussi vous jouez-vous de moi !
EUCHARIS. Pour te prouver que nous disons vrai... nous allons toutes... t'embrasser...
LES NYMPHES. Oui... oui... t'embrasser...
TÉLÉMAQUE. Ça va trop loin ! (*A Mentor*.) Mentor, je vous rappelle à l'ordre...
MENTOR. Mon ami, je ne puis résister à la force... elles sont toutes contre moi !... Venez, mes bacchantes... entourez votre petit Mentor... mais permettez-moi d'ôter cette cravate qui m'engonce... et puis je ne suis pas fâché que vous jetiez un coup d'œil sur ce col... que l'on dit assez bien... (*Il donne la ceinture de Vénus à Eucharis.*) A présent... quand vous voudrez. (*Les Nymphes le regardent avec surprise.*) Me voilà tout disposé... mes charmantes... allons...
Il tend le cou à Eucharis.
EUCHARIS. Vous embrasser... par exemple !...
MENTOR, *qui a repris peu à peu sa gravité*. M'embrasser !... Qu'est-ce qui parle de m'embrasser ?... Par Jupiter ! je voudrais bien voir ça... Et la morale !... Eh bien, avisez-vous-en un peu de m'embrasser !...
Il passe la main sur son front comme pour rassembler ses idées.
AGLAÉ. Oh ! ne craignez rien !...
TÉLÉMAQUE. Et moi qui soupçonnais Eucharis... (*La regardant*.) Ciel !... elle me paraît cent fois plus belle !
EUCHARIS. Mes sœurs !... il me vient une idée...
TÉLÉMAQUE, *avec passion*. Ah ça n'est pas étonnant quand on en fait venir aux autres...
EUCHARIS. Au lieu de s'occuper de ce demi-siècle, je propose de jouer à Colin-Maillard...
TÉLÉMAQUE. Bravo !... c'est un jeu très-

spirituel... je le connais... on se bouche les yeux et on cherche à attraper. (*A Eucharis*).
Eucharis... bouchez-moi les yeux... (*plus bas*) je serais si content de vous attraper !...
MENTOR, *à part.* Qu'ai-je entendu !
EUCHARIS. Volontiers..... cette écharpe nous servira... Mes chères compagnes, attention !...

On entoure Télémaque pour lui bander les yeux.

MENTOR. Plus de doute... Télémaque en tient pour Eucharis... Si je profitais de cet amour enfantin... pour en guérir un autre plus périlleux..... Si j'excitais la jalousie de Calypso... c'est une grosse emportée !... Excellente idée !... Allons retrouver la déesse...

Il sort.

EUCHARIS, *à Télémaque, qui a les yeux bandés avec la ceinture de Vénus.* C'est fait ! combien de doigts ?
TÉLÉMAQUE. Onze.
EUCHARIS. Il n'y voit pas. Oh ! qu'il est gentil comme ça !
TÉLÉMAQUE, *faisant des gestes amoureux du côté opposé à celui où se trouve Eucharis.* O Eucharis ! ma nymphe adorée... fasse Jupin que je puisse vous attrapper !
EUCHARIS, *qui a entendu.* J'ai bien envie de me laisser prendre... (*Aux Nymphes.*) Ah ! une bonne plaisanterie... laissons-le tout seul ici... Qu'en dites-vous ?
TOUTES. Oui, oui... il faut nous cacher.

CHOEUR.

AIR : *Cède à ma tendresse* (Marquise de Prétintaille).

A Télémaque.
C'est fait !... ça commence,
Cherchez... bonne chance !
Nous sommes là... près de vous...
Plus bas.
Partons en silence ;
Oui, faisons silence ;
De ces lieux éloignons-nous.

L'orchestre reprend une fois ce premier motif. Les Nymphes se dispersent. Eucharis se cache avec précaution derrière un bosquet à droite.

TÉLÉMAQUE, *étendant les bras.*
Vrai ! je n'y vois goutte... aussi, j' vous en prie,
En cas de danger... criez-moi : « Cass' cou ! »
EUCHARIS, *reparaissant.*
Elles ont enfin quitté la partie !
TÉLÉMAQUE, *au milieu.*
Je crains que mon pied... ne rencontre un trou...
C'est drôl'... je n' peux rien entendre...
Trébuchant.
Ouf !... oh ! la, la, j' me suis heurté...
EUCHARIS, *toussant et se rapprochant petit à petit de Télémaque.*
Il faut bien se laisser prendre,
C'est un cas d'humanité...
Elle étend le bras vers lui.
TÉLÉMAQUE, *le saisissant.* J'en tiens une ! Vous êtes prise !... (*Il ôte son bandeau.*) Ciel ! Eucharis !... Et nous sommes seuls !...

Son bandeau est tombé en cravate.

REPRISE ET ENSEMBLE.

TÉLÉMAQUE.
Sa main, je la presse ; (*bis*)
Quelle joie et quel bonheur !
Cède à ma tendresse ; (*bis.*)
Ah ! viens régner sur mon cœur.

EUCHARIS.
Sa main, je la presse ; (*bis*)
Quelle joie et quel bonheur !
Oui, j'ai sa tendresse (*bis*)
Et je règne sur son cœur.

TÉLÉMAQUE, *qui regarde autour de lui.* Mais d'où me vient donc cette chance étourdissante ?... Nous voilà seuls, et tout à l'heure nous étions trente-deux.
EUCHARIS. Je suis parvenue à les éloigner toutes...
TÉLÉMAQUE. Vous êtes parvenue... C'est vous qui avez fait cela... mais, c'est un aveu, Eucharis... ça équivaut à un aveu...
EUCHARIS. Comment résister au prestige qui vous environne... au charme magique qui m'attire vers vous ?...
TÉLÉMAQUE. J'ai quelque chose de magique ?... Ah ! tant mieux ! tant mieux !... Eucharis, si un cœur enflammé et percé d'une flèche ne te fait pas peur... je t'offre le mien... il est à toi... Si tu le veux, tu peux le prendre...
EUCHARIS. Mais une autre n'en cherche-t-elle pas la possession ?
TÉLÉMAQUE. Oh ! je te préfère à toutes tes amies de pension...
EUCHARIS. Je parle d'une rivale puissante...
TÉLÉMAQUE. Elle m'obsède...
EUCHARIS. Elle est reine... elle a des trésors...
TÉLÉMAQUE. Mon trésor, c'est toi !
EUCHARIS. Elle est déesse !
TÉLÉMAQUE. Ma déesse... c'est toi !
EUCHARIS. Vous m'aimez donc bien fort ?
TÉLÉMAQUE. Insensément.

AIR *de Julie.*

Toujours ma bouche te dira
Combien ta voix me touche ;
Toujours mon âme pensera
Ce que dira ma bouche.
Avant que l' soleil ait grandi,
Je dirai : Je t'adore !
Je veux le redire à midi,
Le soir... le dire encore...

EUCHARIS.
Même air.

Toujours ma bouche te dira
Que ton amour me touche ;
Et mon âme aussi pensera
Ce que dira ma bouche...
Ne crains pas d'être trop hardi :
Ces doux mots : Je t'adore !
Dis-les... le matin, à midi,
Le soir dis-les encore.

ENSEMBLE.

Quand on parle de ses amours,
On peut parler toujours.

Télémaque tombe aux pieds d'Eucharis.

SCENE VIII.

LES MÊMES, CALYPSO et MENTOR.

MENTOR, *amenant Calypso.* Tenez, regardez !

CALYPSO. Ciel et terre !... aux genoux d'Eucharis !

Elle reste comme pétrifiée. Son sein se soulève avec exagération.

EUCHARIS. Calypso !

TÉLÉMAQUE. La déesse !...

MENTOR, *à Calypso.* Quand je vous disais... que mon élève ne vous aimerait pas... Vous voyez, c'est une petite nymphe de rien qui vous souffle cette conquête.

CALYPSO. Assez ! assez !... vieillard assommant ! (*Allant vers Télémaque et Eucharis.*) Et vous croyez que ça se passera ainsi... vous autres insensés !...

EUCHARIS, *bas, à Télémaque.* Quels yeux elle roule !

TÉLÉMAQUE. Laissez-les rouler...

CALYPSO. Ah ! c'est ainsi qu'on bafoue une déesse de ma force !... c'est ainsi qu'on dédaigne mes soupirs... Grand dadais ! qui se laisse prendre aux grimaces d'une péronnelle qui tiendrait dans mes dix doigts..... Quand je suis là... que je lui crève les yeux... Mon amour avait donc bien peu de poids pour toi... dis !

TÉLÉMAQUE. Bien peu de poids... Je n'ai jamais dit ça...

MENTOR, *à part.* Je crois bien, un amour de cent cinquante kilos !

CALYPSO. Ah ! par l'enfer !... vous vous en mordrez les pouces !... Eucharis... avancez !...

TÉLÉMAQUE. Oh ! ne lui faites pas de mal... généreuse déesse !

CALYPSO. Qu'est-ce qui vous a dit que j'étais généreuse ? (*Avec ironie.*) Comme il a peur que je ne l'égratigne !... (*A Eucharis.*) Perfide Eucharis... va-t'en !... (*Eucharis s'éloigne.*) Non, reviens ! non, va-t'en... Tu ne fais plus partie de mes nymphes... Quitte ces vêtements et ne te retrouve jamais sous mon regard..... Désormais, tu habiteras la pointe du rocher au sud-ouest de mon île. Je te condamne à dix ans de roche.

MENTOR. Ce sera bien dur.

TÉLÉMAQUE. Vous voulez donc la rendre malheureuse comme des pierres...

CALYPSO. Quant à toi... qui es venu soulever des orages dans ce cœur qui était redevenu calme et serein... je voudrais pouvoir te livrer de nouveau à la colère de Neptunus...

TÉLÉMAQUE. Neptuni ?

CALYPSO. Je voudrais que ta coquille de noix pût t'emporter à six mille lieues de ce rivage !...

MENTOR. Oh ! vous dites cela...

CALYPSO. Je dis cela et le pense.

MENTOR. Votre parole d'honneur..... de déesse ?...

CALYPSO. J'en jure par le Styx.

MENTOR. C'est un serment d'enfer et j'y crois... Eh bien, déesse, que vos vœux soient accomplis... Notre navire est prêt à mettre à la voile.

CALYPSO. Comment ?

EUCHARIS. Que dit-il ?

MENTOR. Il se balance mollement dans la baie... Il est entièrement remis à neuf... et nous pouvons lever l'embargo.

CALYPSO, *d'abord avec hésitation.* Eh bien... partez donc ! quittez ce rivage pour retourner dans votre misérable Ithaque, que vous ne reverrez pas demain... je l'espère... Allez, et que le courroux de Vénus vous poursuive de plus belle..... Puissiez-vous rester en panne et n'avoir à manger que les cordages de votre navire !... Puissiez-vous être assaillis par la pluie, la grêle, le tonnerre, les veaux marins et les ours blancs !... Puissent les poissons de la mer se réunir pour un banquet, dont vous fournirez les deux plats principaux ! et maintenant, bon voyage !

MENTOR. Merci ! mille fois merci ! Nous suivrons l'itinéraire... Le temps de faire nos malles, et nous filons... (*D'un ton railleur.*) Si ça vous est égal... nous oublierons de nous faire nos adieux... Ça serait trop déchirant... Viens, Télémaque, viens !

TÉLÉMAQUE. O Eucharis ! ô Ulysse ! ô ma nymphe ! ô mon père !

EUCHARIS, *d'un ton suppliant à Calypso.* Déesse !

CALYPSO, *prenant une pose menaçante.* Sur la pointe du rocher !

TÉLÉMAQUE, *à Mentor.* Mon maître !

MENTOR, *imitant la pose de Calypso.* Allez faire vos paquets !

CALYPSO. Au rocher !

MENTOR. Aux paquets !

Mentor et Télémaque sortent par la droite, Eucharis par la gauche.

SCENE IX.

CALYPSO, *puis* L'AMOUR *et* LES NYMPHES.

Il part, il s'en va! Et c'est moi qui l'ai voulu! à présent, je ne le voudrais plus ! je ne tiens pas en place... (*Appelant*) Nymphes, nymphes... A moi! (*Courte entrée de musique. Les Nymphes accourent en foule.*) Vous voilà! Eh bien... quoi ? que me voulez-vous ?... Ah! oui, c'est moi qui vous ai appelées... A la chasse! courons à la chasse !... Amenez-moi mon cheval le plus fringant... celui qui regimbe.... Non.... non.... pas de chasse !...

AGLAÉ. Déesse, pourquoi cette agitation ?..

CALYPSO. Je suis agitée... n'est-ce pas? bien agitée !... il y a de quoi !... car enfin, je l'aimais cet homme... je l'aime encore... c'est plus fort que moi... et il s'éloigne..... il me délaisse !... Eh bien, non, non... je ne veux pas qu'il s'en aille maintenant... Prenez des torches, des flambeaux !... (*Musique. Les Nymphes exécutent cet ordre.*) Ah ! votre navire est prêt à mettre à la voile... et vous me croyez assez bonnasse pour vous laisser partir ainsi... Toi, Télémaque ! mon Télémaque que j'adore... je te perdrais?... Ah! j'aime mieux te faire charger de chaînes... te jeter dans un noir souterrain, et te garder prisonnier à jamais !... Mon Dieu, que j'aime donc ce gamin-là ! Eh bien, ces torches, ces flambeaux ! et du feu! du feu !...

L'Amour paraît tout à coup au milieu des Nymphes avec sa torche allumée.

CALYPSO. Allons, qu'on se hâte !...

CHOEUR.

AIR *de la Muette de Portici* (Des torches des flambeaux).

> Allons, partons, courage !
> Des torches, des flambeaux !
> Courons sur le rivage
> Pour brûler leurs vaisseaux !
> Marchons, des torches, des flambeaux !

Toutes les Nymphes sortent, conduites par Calypso.

Troisième Tableau.

Un site gracieux au bord de la mer.

A gauche, sur le deuxième plan, l'entrée d'une grotte tapissée de verdure. Au fond, une pointe de rochers s'avançant dans la mer.

SCÈNE PREMIÈRE.

FAUNES, *puis* SYLVAIN.

Une troupe de Faunes accourt de tous côtés, en chantant et en dansant, s'accompagnant sur des flûtes de Pan.

CHOEUR.

AIR : *Du temps de nos amours.* (Ronde de la montagne.)

> Chantons nos amours,
> Chantons ces déesses,
> Qui seront toujours
> Nos tendres maîtresses.
> Selon nos désirs,
> Comblés de caresses,
> Au sein des plaisirs
> Passons nos loisirs.

La musique continue. Les Faunes dansent en formant des pas de bourrée. Sylvain paraît tout à coup.

SYLVAIN. Assez! assez !... il s'agit bien vraiment de gazouiller comme des pinsons en goguette et de sauter comme des chèvres !

UN FAUNE. Pourquoi pas ?... le vaisseau des deux étrangers est réparé ; ils vont partir, nous laisser le champ libre...

SYLVAIN, *interrompant*. Partir ! partir !... vous ne savez pas ce qui se passe !

LE FAUNE. Quoi donc ?

SYLVAIN. Tout est perdu si, à l'instant, à l'instant même, vous ne parvenez à tirer le navire en pleine mer !

LE FAUNE. Pourquoi ?

SYLVAIN. Parce que l'on conspire contre nous ! Si je vous en disais davantage, il ne serait plus temps d'agir... Faites donc ce que j'ordonne, sans chercher à me comprendre!

LE FAUNE. Très-bien. Il faut donc ?

SYLVAIN. Écarter le navire du rivage...

LE FAUNE. Et cela fait ?...

SYLVAIN. Nous sommes sauvés !

LE FAUNE. Dans le cas contraire ?...

SYLVAIN. Votre ouvrage est détruit de fond en comble... et les étrangers restent ici... Courez donc !... jetez-vous à travers les roseaux... peut-être arriverez-vous à temps! Moi, je demeure ici ; il faut que je parle aux deux voyageurs... Justement je les j'entends. Allez!

CHOEUR.

AIR : *de la Zchergaër.* (Polka de Pilati.)

> Hâtons-nous !... Sans retard,
> Pressons leur départ.
> Que leur navire
> Quitte notre empire !
> Puissions-nous, sous nos yeux,
> Les voir tous les deux
> Abandonner ces lieux !

Les Faunes sortent, à l'exception de Sylvain.

SCÈNE II.

SYLVAIN, *puis* MENTOR *et* TÉLÉMAQUE.

Mentor et Télémaque sortent de la grotte. Mentor a de gros gants fourrés, une casquette de voyage et un vieux parapluie, il porte une valise et un sac de nuit.

MENTOR. Allons, Télémaque, allons, dépêchons !
SYLVAIN. Chut !
MENTOR. Tiens ! c'est le faune...
SYLVAIN. Chut !
TÉLÉMAQUE. Il a l'air tout décomposé.
SYLVAIN. Chut ! infortunés que vous êtes !
MENTOR. Vous m'effrayez !... qu'y a-t-il ?
SYLVAIN. Vous êtes sur un volcan !
MENTOR, *piétinant avec crainte*. Diable ! le terrain n'est pas sûr !... allons nous-en... partons !
SYLVAIN. Vous ne pouvez plus partir.
TÉLÉMAQUE, *avec joie*. Nous ne pouvons plus partir !
MENTOR. Par Jupiter ! qui nous en empêcherait ?
SYLVAIN. Calypso et ses nymphes, qui, en ce moment peut-être, brûlent votre navire...
MENTOR. Que dites-vous là ?... Mais la flamme de cette femme va trop loin... il faut empêcher cette mégère de mettre son projet à exécution... Courons !

On entend au loin l'air qui termine le tableau précédent.

SYLVAIN. Écoutez !... que vois-je ! ! ! tout est fini !...

Le théâtre est tout à coup éclairé par les flammes.

TÉLÉMAQUE. Il n'est plus temps !... nous sommes flambés !
MENTOR. Voici donc où conduit le feu des passions !... Ah ! ça m'est égal... Télémaque, nous ne resterons pas plus longtemps sur ce rivage...
TÉLÉMAQUE. Puisqu'on a brûlé notre esquif, il n'y a plus moyen de sortir d'ici. Ah bah, restons !
MENTOR. Jamais ! viens, viens...
TÉLÉMAQUE. Où m'entraînez-vous ?
MENTOR. A la mer !
TÉLÉMAQUE, *se débarrassant*. Halte là ! vieillard par trop aquatique... j'ai assez de vos plaisanteries ; je préfère le plancher des moutons.
MENTOR. Y penses-tu ?
TÉLÉMAQUE. J'y pense beaucoup ! Ah ! si j'avais un gilet de liége ou une ceinture de sauvetage, je ne dis pas...
SYLVAIN. N'est-ce que cela ? je puis vous empêcher d'enfoncer... je puis vous procurer des outres, qui vous feront surnager sans le moindre danger.
MENTOR. Des outres ! des vessies !... ça nous va. Faune, va chercher tes vessies... ne lanterne pas.
SYLVAIN. Je reviens à l'instant.

Il disparaît un moment.

TÉLÉMAQUE, *à part*. Ah ! je suis outré...
MENTOR, *avec âme, et tirant Télémaque à l'écart*. Télémaque, mon fils !
TÉLÉMAQUE. Pourquoi cette face mélodramatique ?
MENTOR. Pauvre enfant ! sais-tu d'où proviennent ces outres ?
TÉLÉMAQUE. Sans doute de ces porcs que j'ai vu barboter là-bas.
MENTOR. Il est temps de t'apprendre un secret effroyable ! un mystère de famille... Que tes cheveux s'apprêtent à se dresser !
TÉLÉMAQUE. Je tressaille à l'avance !
MENTOR. Télémaque !... ces animaux immondes qui couraillent dans cette île où tu voudrais séjourner...
TÉLÉMAQUE. Eh bien ?
MENTOR. Eh bien ! ce sont les compagnons de ton malheureux père... métamorphosés par les enchantements de cette infâme déesse, qui en fait journellement des jambons et des côtelettes aux petits oignons !
TÉLÉMAQUE. Ah ! horreur ! horreur ! horreur !
MENTOR. Bien ! j'aime ce mouvement marqué d'indignation.
TÉLÉMAQUE. Ainsi donc, ce matin, à déjeuner, ces langues aux pistaches, ces pieds truffés...
MENTOR. Tristes restes des amis fidèles de ton auteur !
TÉLÉMAQUE, *avec désespoir*. Et je ne les ai pas reconnus !... Eumée ! Atiacus ! le fidèle Achate ! ces pieds étaient les leurs !...

AIR : *rendez-moi mon léger bateau.*

Me laisser prendre à cette erreur atroce,
Quand l'estomac est aussi près du cœur !
Mais ce qui vient redoubler ma fureur,
C'est que j'ai mangé d'un appétit féroce.
   Par pitié, donnez un pardon
    A ma douleur amère,
   Compagnons de mon père,
   J'ai besoin d'un bien grand pardon,
Car ce déjeuner, je l'ai trouvé bon,
Cet affreux déjeuner, oui, je l'ai trouvé fort bon.

Il pleure.

MENTOR. Enfant, chasse ce souvenir indigeste.
TÉLÉMAQUE. Oh ! toujours, toujours ces pieds trépigneront là !

Il se frappe l'estomac.

MENTOR. Ah, maintenant tu n'hésiteras

plus à fuir, n'est-ce pas? à quitter ce rivage maudit, n'est-ce pas?

TÉLÉMAQUE. Fuyons, fuyons!... mais par terre.

MENTOR. Je te ferai observer que nous sommes dans une île, et que, vu cette position géographique, nous ne pouvons pas... sans nous mouiller un peu...

TÉLÉMAQUE. Me plonger encore dans le liquide!... jamais!

MENTOR. Malheureux! mais la pleine eau est ta planche de salut...

TÉLÉMAQUE. Assez, monsieur! boire encore de cette affreuse limonade... assez, monsieur!

MENTOR. Mais si tu n'y consens, qui peut nous tirer de là?

SCÈNE III.

Les Mêmes, EUCHARIS, *en costume de batelier.*

EUCHARIS. Moi!
TÉLÉMAQUE. Eucharis!
EUCHARIS, *bas.* Silence! (*Haut.*) Tenez, voyez là-bas!
MENTOR. Ciel! un navire...
EUCHARIS. Si vous voulez monter dans ma barque, en peu d'instants vous aurez gagné ce bâtiment que les dieux vous envoient.
TÉLÉMAQUE. Montons-y, montons-y tout de suite!
MENTOR. Ah ça, charmant batelier, d'où sors-tu? c'est donc le grand Jupin qui te députe vers mon élève pour sauver son innocence?... Merci, Jupin! merci, batelier... Télémaque, consentez-vous à suivre ce bel enfant?
TÉLÉMAQUE. Au bout du monde!... Où est son canot?... Vite, vite, une vareuse, des avirons, et filons!
EUCHARIS. Pour ne pas éveiller les soupçons, je l'ai conduit dans les roseaux que vous voyez là-bas.
MENTOR. C'était prudent.
TÉLÉMAQUE. Mais alors nous ne pourrons pas vous rejoindre d'un pied sec... nous voilà retombés dans l'eau!
EUCHARIS. Avec cinq ou six brassées vous pourrez l'atteindre; je cours vous y attendre.
Elle sort.
TÉLÉMAQUE. Va pour six brassées. Allons! je ne pouvais pas l'échapper... C'est égal, je me risque! Mentor, fichez-moi à l'eau, mon ami!
MENTOR, *avec enthousiasme.* Bien!... ô mon fils!... Ah! je le vois avec orgueil, tu es assez fort maintenant pour fuir un sexe dangereux et perfide.

TÉLÉMAQUE. Vous le croyez? je le veux bien. (*A part.*) O Eucharis! adorable canotière!

SYLVAIN, *reparaissant avec deux vessies.* Me voici avec vos nageoires.

TÉLÉMAQUE. Faune! vous arrivez à propos. (*Regardant les vessies.*) Encore des restes sacrés des serviteurs d'Ulysse! (*A Sylvain, en levant les bras au ciel.*) Attachez-les-moi, que je les presse sous mes bras?... O fils de Laërte! ô mon père! (*A Sylvain.*) Serrez fort. (*Les yeux au ciel.*) Je vais encore m'exposer pour toi... mais il est diantrement temps que ça finisse!

SYLVAIN. C'est fini!

MENTOR. Elles te vont à merveille... On dirait qu'elles sont faites pour toi!

SYLVAIN. J'entends des cris de femme!

MENTOR. Fuyons! gagnons ce tertre qui s'avance au milieu des ondes, tu verras que ce n'est pas la mer à boire.

TÉLÉMAQUE. Allons... en avant... nageons!
Il entraîne Télémaque sur le tertre.

SYLVAIN. Je triomphe!

MENTOR, *sur le rocher.* Y es-tu?

TÉLÉMAQUE. J'y suis!

MENTOR, *le poussant et se jetant après lui.* Flouc!... flouc!...

SYLVAIN. Bon voyage!... il était temps!
Il se retire à l'écart, dans la grotte.

SCÈNE IV.

CALYPSO, LES NYMPHES, *puis* SYLVAIN.

LES NYMPHES, *entrant.* Victoire! victoire! victoire!

CALYPSO. Je les tiens!... (*Regardant la grotte.*) Ils sont là... Ils ne peuvent plus m'échapper..

SYLVAIN, *sortant de la grotte.* En êtes-vous bien sûre... ô déesse?

CALYPSO. Où sont mes hôtes?...

SYLVAIN. Qui compte sans son hôte, compte deux fois...

CALYPSO. Je n'ai pas le temps de jouer aux proverbes... Télémaque!... où est Télémaque?...

SYLVAIN. Mais... le vent est bon... la mer est belle, et je crois qu'avant peu... Attendez... (*Il va regarder au fond.*) Voyez!... voyez, là-bas... Ils ont vent arrière... leur barque semble glisser sur les flots!

CALYPSO. *On aperçoit la barque qui porte Eucharis, Télémaque et Mentor, et qui traverse au lointain.* Malédiction!... ils m'échappent!... Mais ce batelier?... Mes yeux ne m'abusent pas... c'est Eucharis!...

LES NYMPHES. Eucharis!...

La musique continue.

CALYPSO. Oh! ce n'est plus de l'amour que j'éprouve... c'est de la férocité!... Nymphes!... qu'on les crible de flèches... ou plutôt... Vénus!... Vénus!... c'est toi que j'implore! toi, la protectrice de toutes les belles femmes, pourvu qu'elles aient un grain de sensibilité... Entends mon faible organe! Vénus! viens à mon aide! protége-moi!... sauve-moi!... venge-moi!...

SCÈNE V.

LES MÊMES, VÉNUS, *puis* L'AMOUR, NEPTUNE, LES VENTS.

VÉNUS, *arrivant sur un nuage.* Calypso... je te vengerai!... (*Calypso et toutes les Nymphes s'inclinent devant la déesse.*) Neptune, que mon fils est allé prévenir, doit se charger de notre commune vengeance... N'es-tu pas fille de l'Océan et de Téthys?... N'as-tu pas droit à la protection du dieu des mers?

L'Amour paraît et annonce par gestes l'arrivée de Neptune. Neptune arrive sur les eaux dans un char traîné par des chevaux marins.

NEPTUNE. Me voici... ô la plus belle des belles!

CALYPSO. Neptune!... je suis vengée.

NEPTUNE. Je me serais rendu plus tôt à ton invitation sans mon épouse, cette chère Amphitrite, qui est d'une jalousie amère quand il s'agit de toi... On lui aura tenu quelque propos... Pour m'en débarrasser, je l'ai envoyée promener sur ses dauphins, et j'accours vers toi... Que me veux-tu? parle...

VÉNUS. Tu ignores sans doute que les deux mortels qui m'ont outragée ont survécu à leur naufrage?

NEPTUNE. Pas possible! Il faut donc que Pluton les protége...

VÉNUS. C'est une honte pour toi, Neptune, et tu as besoin d'une revanche...

NEPTUNE. Sois tranquille, je la prendrai...

VÉNUS. Que ce soit donc sur l'heure... car les deux imprudents se sont de nouveau embarqués sur ton empire...

NEPTUNE. En vérité! ô les niais!... Eh bien, par la barbe de mon père Saturne, je vais les gratifier d'une bourrasque du premier numéro... A moi, mes vents! Eurus, Auster, Aquilon, Favonius!... (*Entrée des quatre Vents.*) Vents, mes amis, vous allez me faire le plaisir de souffler de toute la force de vos poumons sur la surface liquide de mon royaume... afin d'en balayer tous les flâneurs qui s'y trouvent sans ma permission... Et mes vagues ne touchent pas les frises du firmament. je vous tiens tous les quatre pour des vents poussifs, et je vous mets à la réforme... Allons... commençons... et que ce soit gentil.

Les Vents se mettent à souffler sur la mer. Le ciel s'obscurcit tout à coup. Les vagues s'élèvent. Le tonnerre gronde. Jupiter descend sur un trône entouré de nuages.

JUPITER. Qu'est-ce qui fait tout ce tapage?... Qu'est-ce qui touche à mon tonnerre?... Neptune! allons, bon! je ne m'étonne plus? Ah ça, mon bonhomme... tu ne peux donc pas rester en repos et nous laisser la paix? Je suis là-haut avec des amis... Apollon nous donne une matinée musicale... Bacchus nous fait un punch... Terpsichore se livre à des pirouettes délirantes, et tu viens nous faire un tapage qu'on ne s'entend plus dans l'olympe?...

NEPTUNE. Sire, un million de pardons; c'est un service que je rends à Cypris et à la petite Calypso...

JUPITER. Et tu as tort, tu es beaucoup trop facile... que diable!... on ne fait pas tout ce bruit-là pour un caprice. Vénus en veut trop à ce pauvre fils d'Ulysse... Quant à Mentor, mes braves amis, vous faites des sottises atroces à son égard...

VÉNUS. Que veux-tu dire?

JUPITER. Comment!... en voyant ce vieux laid comme un hibou... vous n'avez pas soupçonné ma fille Minerve?...

NEPTUNE. Ma nièce!

TOUS. Minerve!...

MINERVE, *paraissant.* Elle-même! Minerve, qui veut qu'on soit toujours bien sage... bien rangé... et qui, à cette condition, vous couvrira de sa chouette et de son bouclier.

CALYPSO. Eh quoi!... ce vieillard tout rabougri...

MINERVE. C'était moi!... la Sagesse!

NEPTUNE, *à part.* En voilà une qui est assommante!

MINERVE. Bonjour, mon oncle.

NEPTUNE. Bonjour, mon enfant.

VÉNUS. Ainsi, Minerve l'emportera sur moi!...

JUPITER. Il le faut... dans l'intérêt de la morale... cela ne t'empêchera pas d'être toujours notre fille chérie... dans l'intérêt de nos plaisirs... Quant à Calypso... pour la guérir de son amour... j'ai envoyé Mercure chercher une petite potion calmante... Justement, le voici.

Mercure apporte une fiole et la présente à Calypso.

CALYPSO. Qu'est-ce que cela?...

JUPITER. Bois... je te l'ordonne... (*Calypso s'incline et boit. Jupiter continue.*) Cette eau est puisée dans le fleuve Léthé.

TOME XVII.		TOME XVIII.		TOME XIX.		TOME XX.	
La Femme au salon, c.-v. 2 a.	40	Le Sonneur de St-Paul, d. 5 a.	50	Lekain, v. 2 a.	40	L'Alchimiste, d. 5 a.	50
Moustache, c.-v. 3 a.	40	Mademoiselle, c.-v. 2 a.	40	Diane de Chivry, dr. 5 actes.		Naufrage de la Méduse, 5 a.	50
Les droits de la Femme, c. 1 a.	30	Maria Padilla, tragédie 5 a.	50	par Frédéric Soulié.	50	Balochard, c.-v. 3 a.	40
M. de Coyllin, c.-v. 1 a.	30	Paul Jones, drame en 5 actes,		Les trois Bals, v. 3 a.	40	La Maîtresse et la Fiancée, 2 a.	40
La Pièce de 24 Sous c.-v. 1 a.	40	par Alexandre Dumas.	50	Le Manoir de Montlouvier.	50	Marguerite d'York, mél. 4 a.	40
Fille et l'Ardoise son Ménage,	30	Le Brasseur de Preston, c.-3 a.	50	Dieu vous bénisse, v. 1 a.	30	Deux jeunes femmes, d. 5 a.	50
Philippe III, trag. en 5 a.	50	Françoise de Rimini, tr. 3 a.	40	Maurice, c.-v. 2 a.	40	Rigobert, mél.-c. 4 a.	40
L'Orpheline du Parvis, c.-v. 1 a.	40	Lady Melvil, c.-v. 3 a.	40	Bathilde, dr. 3 a.	40	Gabrielle, c.-v. en 2 a.	40
La Croix de Feu, mél. 3 a.	40	Tronquette, c.-v. 1 a.	30	Pascal et Chambord, c.-v. 2 a.	40	La jeunesse de Goethe, v. 1 a.	30
Plock le Pêcheur, v. 1 a.	30	Le Discours de Rentrée, v. 1 a.	30	Maria, c.-v. 2 a.	40	Emile, v. en 1 a.	30
Léonce, c.-v. 3 a.	40	Pierre d'Arezzo, d. 3 a.	40	La Bergère d'Ivry, dr. 5 a.	50	Le Fils de la Folle, d. 5 a.	50
L'Escroc du Grand Monde, 3 a.	40	Les Coulisses, v. 2 a.	40	Mlle de Belle-Isle, drame 5 a.	50	Il faut que jeunesse se passe,	40
Les Trois Dimanches, c.-v. 3 a.	30	Le Marquis en Gage, c.-v. 1 a.	30	par Alexandre Dumas.		Un Vaudevilliste, 1 a.	30
Les Chiens du St-Bernard, 5 a.	50	Le Puff, rev. en 3 tabl.	40	Marie Rémond, dr.-v. 3 a.	40	Le Marché de St-Pierre, par	
La Figurante, op.-c. 5 a.	50	Claude Stocq, dr. 5 a.	50	Simpletta, v. 1 a.	30	Antier et Comberousse.	50
La Comtesse de Chamilly, 4 a.	40	Jeanne Hachette, dr. 5 actes.	50	Le Plastron, v. 1 a.	40	Amandine, c.-v. 2 a.	40
TOME XXI.		TOME XXII.		TOME XXIII.		TOME XXIV.	
Il était temps ! v. 1 a.	30	Le Château de Saint-Germain.	50	Vautrin, d. 5 a.	50	Bocquet Père et Fils, c.-v. 2 a.	40
L'article 960, v. 1 a.	30	Les Bamboches de l'Année, v. 1 a.	30	L'Ouragan, d.-v. 2 a.	40	Le Mari de ma Fille, c.-v. 2 a.	30
L'Art de ne pas monter sa gar.	30	Commissaire extraordinaire.	30	Aubray le Médecin, d. 3 a.	40	La Chouette et la Colombe.	40
L'Ange dans le monde c. 3 a.	40	Bonnes Couronnes, c. 1 a.	30	Les Honneurs et les Mœurs.		Quitte ou Double, c.-v. 2 a.	40
Christine, 5 a. par F. Soulié.	5	Les Enfans de troupe, c.-v. 2 a.	50	Les Dîners à 32 sous, v. 1 a.	30	L'Argent, la Gloire et les	
Les Chevaux du Carousel, 5 a.	50	L'Ouvrier, drame en 5 actes,		Aînée et Cadette, c.-v. 2 a.	40	Femmes, v. 4 a. et 5 t.	50
Laurent de Médicis, tr. 3 a.	40	par Frédéric Soulié.	50	Le Fils du Bravo, v. 1 a.	30	Marguerite, dr. 3 a.	40
Les 3 Beaux-Frères, v. 1 a.	30	Tremb. de terre de la Martini.		Bonaventure, c.-v. 3 a. et 4 t.	40	Paula, dr. 5 a.	50
Revue et Corrigée, c.-v. 1 a.	30	La Famille du Fumiste, c. 2 a.	40	L'Éclat de Rire, d. 3 a.	40	Mon ami Cléobul, v. 1 a.	30
Le Loup de Mer, d. 2 a.	40	Les Intimes, 1. 1 a.		Cocorico, v. 5 a.	40	Édith, dr. 5 a.	40
Christophe le Suédois, d. 5 a.		La Madone, d. 4 a.	40	Souvenirs de la Marq. de V***	30	Un Roman intime, c. 1 a.	30
par Joseph Bouchardy.	50	Les Prussiens en Lorraine,	50	La Jolie Fille du faubourg.	50	La Salpêtrière, dr. 5 a.	50
Le Proscrit, d. 5 a.	50	Roland Furieux, f.-v. 1 a.	50	Le Fin Mot, c.-v. 1 a.	30	L'École des Journalistes, c. 5 a.	50
Le Massacre des Innocens 5 a.	50	Un Secret, d.-v. 3 a.	40	Le Château de Verneuil, d. 5 a.	50	Cicily, com.-vaud. 2 a.	40
Thomas l'Égyptien, v. 1 a.	30	L'Abbaye de Castro d. 5 a.	40	La Maréchale d'Ancre, d. 5 a.	50	Newgate, dr. 4 a.	50
Clémence, c.-v. 2 a.	40	La Famille de Lusigny, d. 3 a.	40	Les Pages et les Poissardes,	40	Le Père Marcel, c.-v. 2 a.	40
TOME XXV.		Suite du 25me volume.		Suite du 25me volume.		Suite du 25me volume.	
L'Hospitalité, vaud. 1 a.	30	Le Neveu du Mercier, dr.-v. 3 a.	50	La Bouquetière, dr.-v. 3 a.	40	Manche à Manche, c.-v. 1 a.	40
Le Guitarrero, op.-c. 3 a.	50	Le Perruquier, dr. 5 a.	50	Jacques Cœur, dr. 5 a.	50	Un Mariage sous Louis XV.	
La Fête des Fous, dr. 5 a.	50	Zacharie, dr. 5 a.	50	L'École des Jeunes filles, d. 5 a.	50	par Alexandre Dumas.	50
La Favorite, op. 4 a.	50	Tiridate, l. 1 a.	40	La Protectrice, c. 1 a.	40	Fabio le Novice, dr. 5 a.	50

La réimpression des 25 volumes étant entièrement terminée, nous prévenons nos souscripteurs qu'à l'avenir il paraîtra deux nouveaux volumes le 1er octobre de chaque année, qui feront suite à cette collection. Les volumes publiés se vendront toujours séparément.

PIÈCES NOUVELLES DU MAGASIN THÉÂTRAL.

Une Vocation, com.-v. 2 a.	40	Les ressources de Jonathas, 1 a.	40	Paris, Orléans et Rouen, v. 3 a.	50	La Gazette des Tribunaux, v. 1 a.	50
La Sœur de Jocrisse, v. 1 a.	40	Davis ou le bonheur d'être fou,	50	Les Dévorants, c.-v. 2 a.	50	Jacques le Corsaire, dr. en 5 a.	50
Van-Bruck, com.-v. 2 a.	40	Halifax, c. 4 a. avec prol.	50	Un Jour d'orage, c.	40	La Grisette de qualité, v. 3 a.	80
Le Marchand d'habits, dr. 5 a.	50	La Belle-Amélie, c.-v. 1 a.	40	L'Écrin, c.-v. 3 a.	50	Le Mari à la campagne, c. 3 a.	50
Mon ami Pierrot, c.-v. 1 a.	40	Le prince Eugène, 3 a. 14 t.	50	Les Bohémiens de Paris, d. 5 a.	50	Petits métiers de Paris, v. 3 a.	50
La Lescombat, dr. 5 a.	50	Le baron de Lafleur, c. 3 a. env.	50	Paméla Giraud, dr. 5 a.	50	Qui se ressemble se gêne, v. 1 a.	40
Zara, dr. 4 a.	50	Vision du Tasse, 1 a. en v.	30	Don Quichotte et Sancho Pança,		Le Rodeur, dr. 5 a.	50
Langeli, com.-v. 1 a.	40	La Main droite et la Main		pièce en 13 tableaux.	50	Paris voleur, vaud. 6 a.	50
Murat, pièce en 3 a., 14 tab.	50	gauche, drame en 5 actes.		Une Campagne à Deux, c.-v. 1 a.	40	Don César de Bazan, 5 a.	50
Trois œufs dans un panier, 1 a.	40	Madeleine, dr. en 5 a.	40	Le Déserteur, op.-com. 3 a.	50	7 Châteaux du diable fér. 8 a.	50
Mathieu Luc, dr. 5 a. en vers.	50	Mlle de la Faille, 3 a. 8 t.	50	Lucio, drame en 5 actes.	50	Le Bal Mabille, c.-v. en 1 a.	40
Caliste, com.-vaud. en 1 a.	40	L'Extase, c.-v. 3 a.	50	Pierre Landais, d. en 5 actes.	50	Un Amant malheureux, v. 2 a.	50
L'Aveugle et son Bâton, 1 a.	30	Le Menuet de la Reine, 2 a.	50	La Croix d'acier, dr. en 1 a.	30	CHEFS-D'ŒUVRE	
Paul et Virginie, dr. 5 a.	50	Les Mille et Une Nuits, 4 a.	50	L'Homme blasé, vaud. en 2 a.	50	DU	
Les Enfants Blancs, dr. 5 a.	50	L'Enlèvement de Déjanire, v.	40	Louise Bernard, drame en 5 a.		THÉÂTRE-FRANÇAIS.	
La Voisin, mél. 5 a.	50	Redgauntlet, d. 3 a. avec pr.	50	par Alexandre Dumas.	50		
Ivan de Russie, tragédie.	50	Les succès, c. en actes.		Stella, drame en 5 actes.	50		
Le Dérivatif, vaudeville.	40	Le palais-royal et la Bastille 4 a.	50	L'Ombre, ballet.	30	[à 40 centimes.]	
Un Bas bleu, vaudeville.	40	La chambre verte, c.-v. 2 a.	50	Le Vengeur, drame en 3 a.	50	Le Tartufe, comédie en 5 actes.	
Les Filets de Saint-Cloud.	50	Les enfants trouvés, dr. 3 a.	50	Les Iles-Marquises, revue en		Andromaque, tragéd. en 5 actes.	
Lorenzino, par A. Dumas.	50	La dre nuit d'A. Chénier, mon.	30	2 actes.	50	Cinna, tragédie en 5 actes.	
La Plaine de Crenelle, d. 5 a.	50	Le soleil de ma Bretagne, 3 a.	50	Le Théâtre et la Cuisine, v. 2 a.	50	Le mariage de Figaro, com. 5 a.	
La Dot de Suzette, d. 5 a.	50	Un mauvais père, c.-v. 3 a.	50	Mémoires de deux jeunes Ma-		Othello, tragédie en 5 actes.	
Amour et Amourette, v. 5 a.	50	Marguerite Fortier, d. 4 a. 1 pr.	50	riées, vaudeville en 1 acte.	40	Le Dépit amoureux, com. 2 act.	
Paris le Bohémien, d. 5 a.	50	La famille Renneville, d. 3 a. p.	50	L'art de tirer des carottes, 1 a.	50	Mahomet, tragédie en 5 actes.	
Les Brigands de la Loire, d.	50	Brisquet, c.-v. 2 a.	50	Une Idée de médecin, v. 1 a.	40	Le Cid, tragédie en 5 actes.	
Margot, v. 1 a.	40	Les Grands et les Petits, 5 a.	50	Le Laird de Dumbiky, c. en 5 a.	50	Athalie, tragédie en 5 actes.	
Paris la nuit, d. 3 a. 8 t.	50	Le Héros du marquis de 15 sous.	50	par Alexandre Dumas.	50	Hamlet, tragédie en 5 actes.	
Emery le négociant, d. 3 a.	50	La jeune et la vieille garde, 1 a.	40	La duchesse de Châteauroux,		La Mère coupable, tr. en 5 actes.	
La Salpêtrière, dr. 5 a.	50	Les 2 Sœurs, c.-v. en un a.	40	v.-c. 1 a.	50	La Mort de César, tr. en 3 actes.	
La Dot d'Auvergne, v. 1 a.	40	Adrienne, vaud. en un acte.	30	Marjolaine, v. en 1 a.	40	Le Barbier de Séville, com. 4 ac.	
Claudine, dr. 3 a.	50	Les Fumeurs, c.-v. en 2 a.	50	Molière au 19e siècle. c. 1 a.	40	Phèdre, tragédie en 5 actes.	
L'Hôtel des 4 nations, c.-v.	50	8,000 fr. de récompense, d. 5 a.	50	Les trois Amis, dr.-v., 3 a.	50	L'École des femmes, com. en 5 a.	
Les Chanteurs ambulants, 3 a.	50	Les petites misères de la vie.	40	Karel Dujardin, c. 1 a.	40	Les Plaideurs, com. en 3 actes.	
Séducteur et Mari, d. en 3 a.	50	Gloire et perruque, v. en 1 a.	30	La Famille Cauchois, c. 5 a.	50	Les Horaces, trag. en 5 actes.	
Céline, c.-v. 2 a.	40	Les Demoiselles de St-Cyr. 5	1 fr.	Le Vieux Consul, tr. 5 a.	50	Le Misanthrope, com. en 5 actes.	
Les Pilules du Diable, 3 a. 20 t.	50	Le prisonnier en Sibérie, d. 3 é.	50	Champmeslé, c. 1 a.	40	Mérope, tragédie en 5 actes.	
Les 2 Brigadiers, vaud. 2 a.	40	Lénore, drame en 5 actes.	50	L'oncle à succession, c.-v. 2 a.	50	Zaïre, tragédie en 5 actes.	
Le Roi d'Yvetot, op.-com. 3 a.	50	Quand l'amour s'en va, c.-v. 1 a.	40	Jane Grey, tr. 5 a.	50	Britannicus, tragédie en 5 actes.	
L'auberge de la Madone, d. 5 a.	50	Un Secret de famille, d.-v. 3 a.	50	Alberta Ire, c.-v. 2 a.	50	L'avare, comédie en 5 actes.	

En vente : le 35me Vol. du MAGASIN THÉÂTRAL, 1re édition. Prix : 6 fr.

IMPRIMERIE DE Mme Ve DONDEY-DUPRÉ, rue Saint-Louis, 46, au Marais.

En vente,
LES
Mystères des Théâtres de Paris
UN VOLUME JÉSUS IN-18.
ILLUSTRÉ DE DOUZE GRAVURES SUR BOIS,
Prix 3 francs.

EN VENTE,
Tomes 26 et 27
DE LA
BIBLIOTHÈQUE DE VILLE ET DE CAMPAGNE,
DEUXIÈME ÉDITION DU MAGASIN THÉATRAL.
Prix de chaque volume 3 francs 50 centimes.

Galerie des Artistes dramatiques,
Contenant 80 portraits en pied des principaux Artistes de Paris, dessinés d'après nature par ALEXANDRE LACAUCHIE, accompagnés d'autant de notices biographiques et littéraires.

PRIX DES DEUX VOLUMES BROCHÉS : 40 FR.

TOME PREMIER.		TOME SECOND.	
Acteurs.	Auteurs.	Acteurs.	Auteurs.
1°. Mlle Rachel.	J. Janin.	41°. M. Ferville.	J. T. Merle.
2°. M. Perrot.	E. Briffault.	42°. M. Volnys.	H. Rolle.
3°. M. Deburau.	E. Briffault.	43°. Mme Guillemin.	M. Aycard.
4°. M. Mélingue.	J. Bouchardy.	44°. Mme Gauthier.	A. Arnould.
5°. Mlle Fanny Elssler.	E. Briffault.	45°. M. Lablache.	Couailhac.
6°. Mlle Plessy.	H. Rolle.	46°. M. Arnal.	Eugène Briffault.
7°. M. Duprez.	E. Briffault.	47°. Mlle Giulia Grisi.	Couailhac.
8°. Mme Mélingue (Théodorine).	J. Bouchardy.	48°. M. Tamburini.	Chaudes-Aigues.
9°. M. Achard.	E. Guinot.	49°. Mlle Clarisse.	E. Lemoine.
10°. Mlle Doze.	E. Briffault.	50°. M. Klein.	Marie Aycard.
11°. M. Odry.	J. T. Merle.	51°. M. Chilly.	A. Arnould.
12°. Mlle Farguëil.	H. Lucas.	52°. Mme Stoltz.	H. Lucas.
13°. M. Francisque aîné.	J. Bouchardy.	53°. M. Moëssard.	A. Arnould.
14°. M. Lepeintre jeune.	H. Rolle.	54°. Mme Anna Thillon.	H. Rolle.
15°. Mlle Taglioni.	J. T. Merle.	55°. M. Brunet.	Du Mersan.
16°. M. Dupont.	E. Arago.	56°. Mme Albert.	H. Lucas.
17°. M. Boutin.	L. Couailhac.	57°. M. Provost.	E. Arago.
18°. M. Levasseur.	G. Bénédit.	58°. Mlle Brohan.	J. T. Merle.
19°. Mlle Flore.	Du Mersan.	59°. M. Chollet.	Couailhac.
20°. Mlle Georges.	H. Lucas.	60°. M. Roger.	Couailhac.
21°. M. Joanny.	H. Lucas.	61°. Mlle Anaïs.	J. T. Merle.
22°. M. Albert.	L. Couailhac.	62°. M. Vernet.	H. Rolle.
23°. Mlle Jenny Vertpré.	H. Lucas.	63°. Mlle Carlotta Grisi.	Th. Gauthier.
24°. M. Monrose.	J. T. Merle.	64°. Mme Desmousseaux.	Couailhac.
25°. M. Bocage.	M. Mallefille.	65°. M. Mario.	P. A. Fiorentino.
26°. Mlle Pauline Leroux.	E. Arago.	66°. Mme Dorval.	H. Rolle.
27°. M. Firmin.	H. Lucas.	67°. Mme Dorus-Gras.	E. Arago.
28°. M. Rubini.	J. Chaudes-Aigues.	68°. M. Regnier.	Aug. Arnould.
29°. M. Saint-Ernest.	J. Bouchardy.	69°. Mlle Mante.	E. Arago.
30°. Mlle Mars.	E. Briffault.	70°. Mlle Julienne.	H. Rolle.
31°. Mlle Persiani.	J. Chaudes-Aigues.	71°. M. Lepeintre aîné.	E. Arago.
32°. M. Menjaud.	H. Lucas.	72°. Mlle Déjazet.	E. Guinot.
33°. M. Prévost.	L. Couailhac.	73°. M. Numa.	H. Rolle.
34°. Mlle Eugénie Sauvage.	J. T. Merle.	74°. M. Samson.	A. Arnould.
35°. Mme Damoreau.	C. Bénédit.	75°. M. Sainville.	L. Couailhac.
36°. M. Lafont.	J. T. Merle.	76°. M. Ligier.	H. Rolle.
37°. M. Bardou.	H. Lucas.	77°. Mme Jenny Colon Leplus.	E. Arago.
38°. Beauvallet.	A. Arnould.	78°. M. Raucourt.	Bouchardy.
39°. M. Alcide-Tousez.	J. T. Merle.	79°. M. Bouffé.	E. Briffault.
0°. Mme Volnys.	H. Rolle.	80°. M. Frédéric Lemaître.	Adolphe Dumas.

Suite de la Galerie des Artistes dramatiques. — 15 livraisons sont en vente:

www.ingramcontent.com/pod-product-compliance
Lightning Source LLC
Chambersburg PA
CBHW061521040426
42450CB00008B/1725